MERAVIGLIOSI ANIMALI

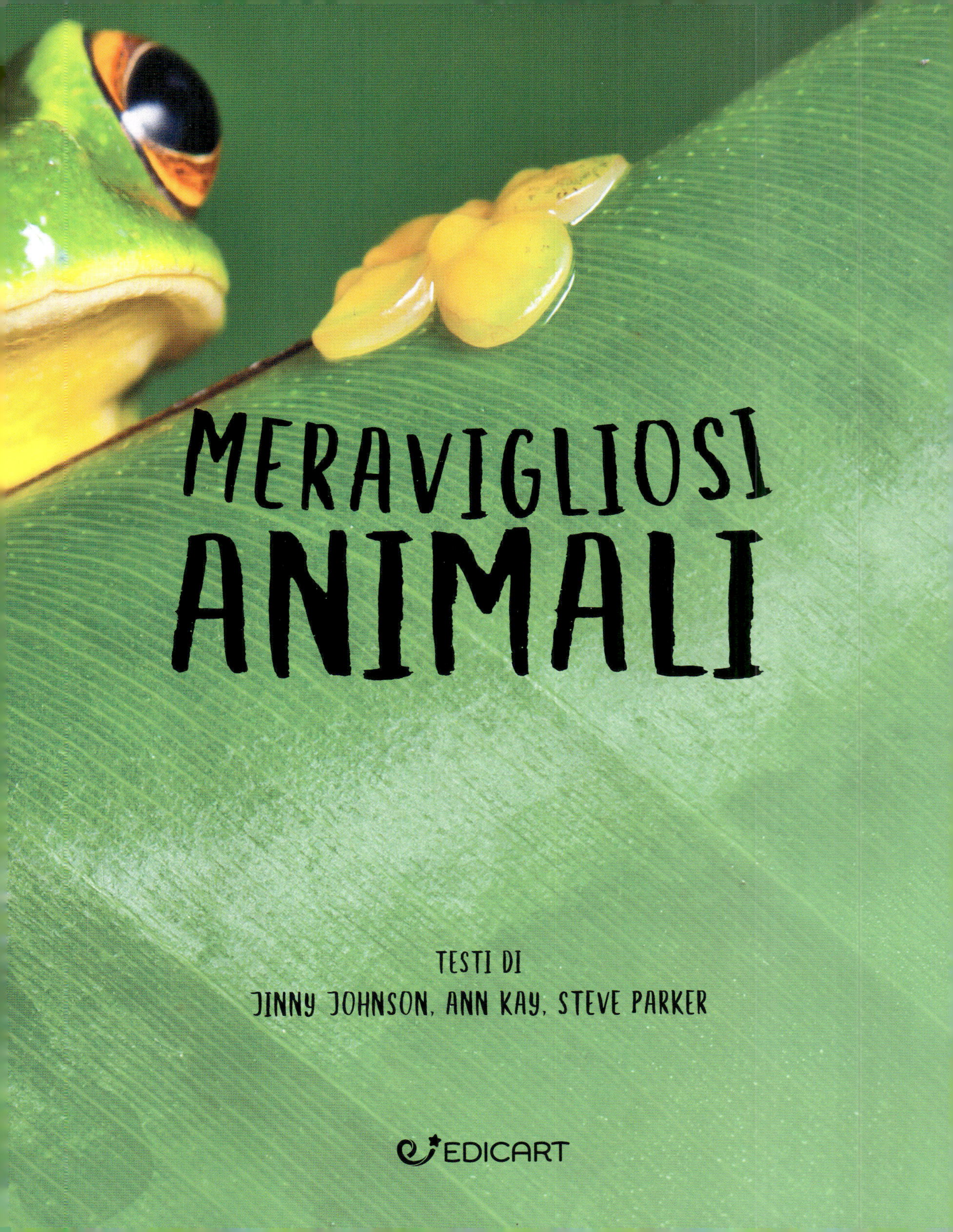

MERAVIGLIOSI ANIMALI

TESTI DI
JINNY JOHNSON, ANN KAY, STEVE PARKER

EDICART

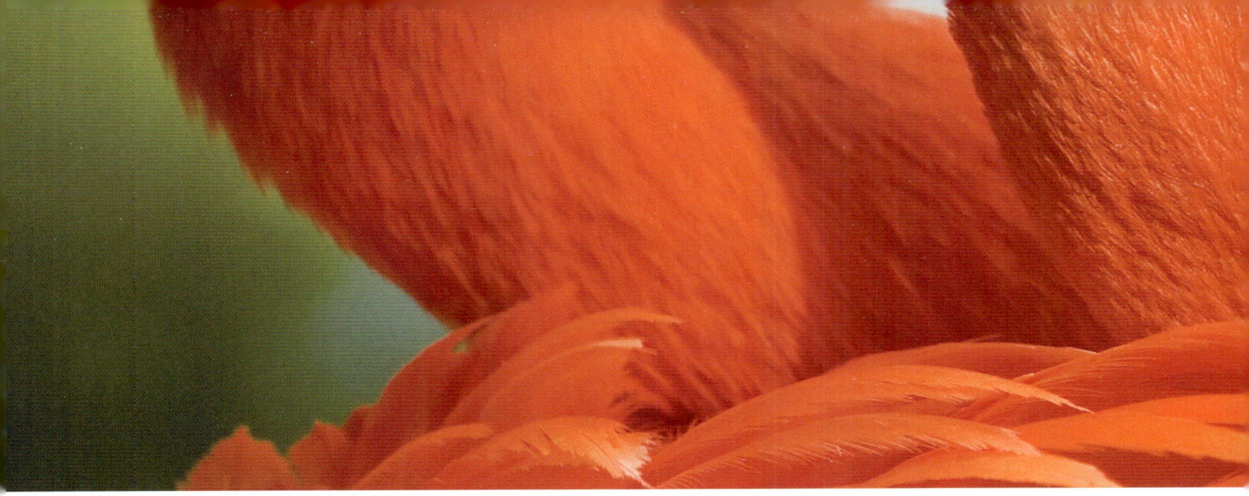

Indice

MAMMIFERI

1 I mammiferi, dotati di scheletro osseo e pelliccia, sono animali a sangue caldo. Significa che sono in grado di mantenere costante la loro temperatura corporea, anche quando fuori fa freddo. Lo scheletro sostiene il corpo e protegge le parti delicate interne come cuore, polmoni e cervello. Ah, c'è un mammifero che conosci molto, molto bene: sai chi è? Sei tu!

▼▶ Primo piano del muso di due gorilla di pianura occidentale. Mammiferi estremamente intelligenti, questi animali sono parenti stretti degli esseri umani.

Gruppi di mammiferi

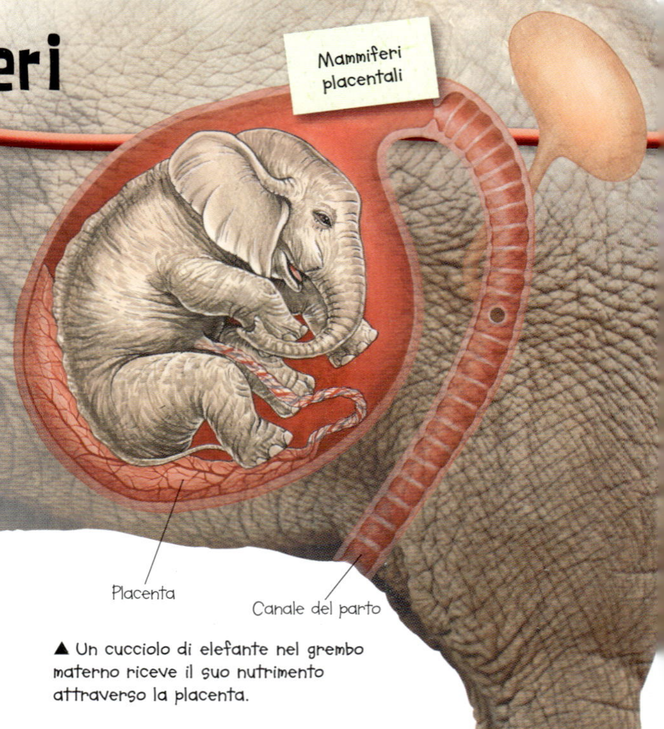

▲ Un cucciolo di elefante nel grembo materno riceve il suo nutrimento attraverso la placenta.

2 Ci sono quasi 5500 diversi tipi di mammiferi. La maggior parte mette al mondo piccoli che si sviluppano nel corpo della mamma. Il cucciolo cresce grazie al nutrimento e all'ossigeno della placenta, un organo temporaneo nel corpo materno che dà il nome a questi mammiferi, detti, appunto, "placentali".

3 Non tutti i cuccioli di mammifero crescono all'interno del corpo materno. I monotremi, per esempio, come gli ornitorinchi e le echidne (detti anche "formichieri spinosi"), sono ovipari, depongono cioè le uova. L'ornitorinco in una tana, l'echidna, invece, tiene il suo unico uovo in una tasca speciale nel ventre fino a che è pronto a schiudersi.

► L'echidna custodisce l'uovo in una tasca cutanea ventrale per una decina di giorni, fino alla schiusa.

4 I cuccioli di mammifero si cibano con il latte della mamma. Il neonato lo succhia dal capezzolo sulla mammella, o seno, della mamma, punto di sbocco dei dotti galattofori della ghiandola mammaria. Il latte contiene tutto il nutrimento di cui il neonato ha bisogno per crescere.

5

I marsupiali partoriscono minuscoli cuccioli che finiscono di svilupparsi in una "tasca". Appena nato, il piccolo è lungo appena 2 centimetri. Cieco e senza pelo, si arrampica fino al marsupio della mamma e rimane al sicuro al suo interno, attaccato a una mammella, attraverso la quale si nutre.

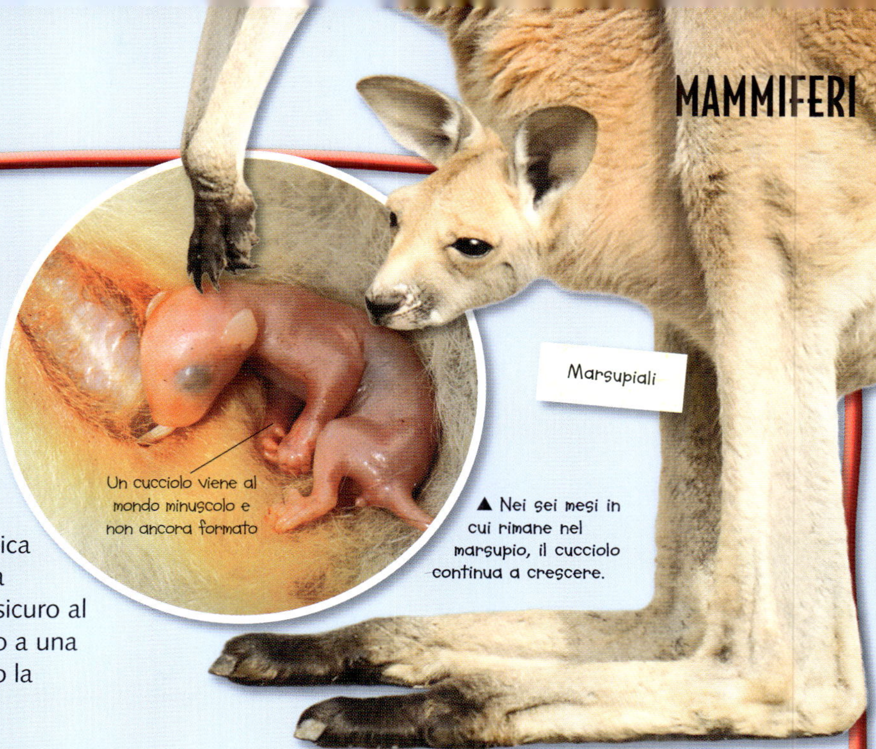

▲ Nei sei mesi in cui rimane nel marsupio, il cucciolo continua a crescere.

▼ Questa renna usa i suoi occhi, le sue orecchie e soprattutto il suo naso per "fiutare" il mondo.

6

Gran parte dei mammiferi ha i sensi di vista, olfatto e udito ben sviluppati. Servono loro per proteggersi dai nemici, trovare cibo e comunicare con i propri simili. Per molti mammiferi quello dell'odorato è l'organo di senso più importante. Gli erbivori come i conigli e i cervi annusano l'aria per fiutare i pericoli, soprattutto quelli derivanti dai predatori.

NON CI CREDO!

I lemming sono molto prolifici! Le femmine possono rimanere incinte tutti i mesi, fin da quando hanno appena 14 giorni di vita... e ogni cucciolata può arrivare a contare 12 piccoli.

Grandi e piccoli

BALENOTTERA AZZURRA
33,5 metri di lunghezza

▶ È d'estate che una balenottera azzurra raggiunge il suo peso massimo di oltre 150 tonnellate, mangiando tutti i giorni fino a 4 tonnellate di cibo.

7 **La balenottera azzurra è il mammifero più grande in assoluto, e a oggi risulta uno degli animali più grandi mai vissuti.** È lunga quanto sette auto parcheggiate una dietro l'altra. Abita gli oceani.

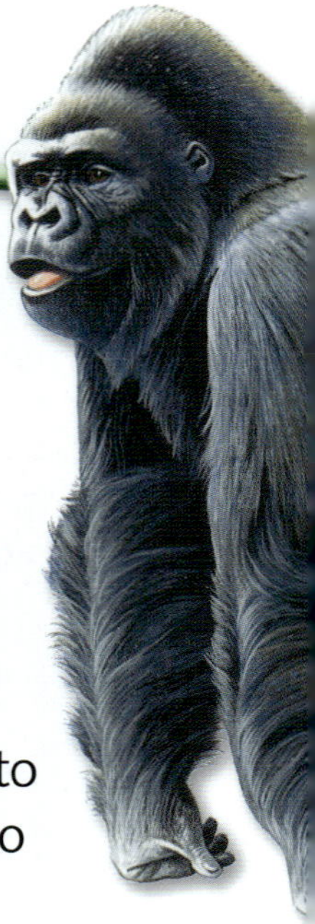

ELEFANTE
4 metri di altezza

▶ Gli elefanti arrivano a mangiare tutti i giorni più di 300 chilogrammi tra foglie, ramoscelli e frutta.

8 **L'elefante è il più grande mammifero di terraferma.** Ne esistono di tre tipi: l'elefante africano di savana, l'elefante africano di foresta e l'elefante asiatico. Il primo è il più grande: un maschio adulto vanta un peso fino a 10 tonnellate, tanto quanto oltre 100 persone adulte.

GORILLA
1,75 metri d'altezza

▼ Un maschio adulto di gorilla raggiunge il peso di 275 chilogrammi.

9 **I gorilla sono i primati più grandi.** I primati sono il gruppo di mammiferi a cui appartengono non solo le scimmie, ma anche gli esseri umani.

GIRAFFA
5,5 metri d'altezza

▼ L'altezza consente alla giraffa di arrivare alle foglie sulle cime più alte degli alberi.

10 **La giraffa non è solo il mammifero più alto, è l'animale più alto di tutti.** Un maschio può misurare in altezza quanto tre o quattro persone in piedi l'una sulle spalle dell'altra. Le giraffe vivono in Africa, a sud del deserto del Sahara.

11 **Il capibara è il roditore più grande.** Lo si trova intorno a stagni, laghi e fiumi in America del Sud. I roditori sono il gruppo di mammiferi che comprende ratti e topi.

CAPIBARA
1.3 metri di lunghezza

▲ Un capibara ben nutrito supera i 70 chilogrammi di peso.

TRAGULO
85 centimetri di lunghezza

▲ Il tragulo è alto appena 30 centimetri.

12 **Il piccolo tragulo ha le dimensioni di una lepre.** Chiamato anche cervo topo, popola le foreste africane.

13 **Il mammifero più piccolo è il minuscolo pipistrello calabrone.** L'adulto pesa meno di un cucchiaino di riso!

PIPISTRELLO CALABRONE
3 centimetri di lunghezza

▶ Il minuscolo pipistrello calabrone pesa appena 2 grammi.

Macchine da corsa

14 Il ghepardo è più veloce di qualsiasi altro animale. Supera i 100 chilometri all'ora, ma non riesce a mantenere a lungo una simile velocità. Così, per catturare una preda, le si avvicina di soppiatto e... quando si trova a una distanza di circa 100 metri, scatta alla massima velocità per sferrare l'attacco finale.

15 L'antilocapra è più lenta del ghepardo, ma riesce a correre più a lungo. È in grado di mantenere la velocità di 70 chilometri all'ora per una decina di minuti.

► Le zampe slanciate e snelle e il corpo muscoloso aiutano il ghepardo a correre veloce. La lunga coda gli serve per bilanciare il corpo mentre galoppa.

16 La lepre comune supera i 70 chilometri all'ora. Grazie alle potenti zampe posteriori, corre così veloce da riuscire a seminare predatori come le volpi.

◄ A ogni falcata, la lepre comune calcia forte all'indietro le lunghe zampe posteriori.

VELOCISSIMI!

Chiedi a un adulto di calcolare quanti metri sei in grado di correre tu in 10 secondi. Moltiplicando la tua velocità per 6, e il risultato per 60, scoprirai quanti metri riesci a fare in un'ora. Se poi dividi il risultato ottenuto per 1000, otterrai la tua velocità in chilometri all'ora. Vedrai che è ben lontana dai 100 chilometri orari del ghepardo!

◀ Con un solo salto, il canguro rosso può spostarsi di 9 o 10 metri.

17 Il canguro rosso batte ogni record nel salto. Quando salta, avanza a una velocità di 40 chilometri all'ora. Spostarsi in fretta, però, gli serve. Vivendo nelle zone aride e quasi desertiche dell'Australia, si trova spesso a dover percorrere lunghe distanze per trovare erba da mangiare o acqua.

Nuotatori e tuffatori

18 La maggior parte dei mammiferi marini è dotata di pinne al posto delle zampe e di corpi affusolati che consentono loro di muoversi agilmente in acqua. Foche e leoni marini hanno pinne grandi, simili a pagaie, che usano per trascinarsi sulla terraferma, ma anche per procedere con forza in acqua. Le balene non toccano mai la terraferma. Nuotano muovendo regolarmente su e giù la coda, e usano le pinne anteriori come timone.

▲ La megattera è la balena dalle pinne più grandi: misurano fino a 5 metri.

QUIZ

1. Quanto a fondo riesce a immergersi una foca di Weddell?
2. Come fa una foca a non disperdere calore corporeo?
3. A che velocità può nuotare un'orca?

Risposte
1. Oltre i 750 metri
2. Il corpo è ricoperto da uno spesso strato di grasso
3. 55 chilometri orari

19 Le orche marine sono in grado di nuotare a 55 chilometri all'ora. Feroci cacciatori, sfruttano proprio la velocità per inseguire prede che nuotano rapide come calamari, pesci e foche. A volte cacciano in gruppo e attaccano persino le balene. Le orche sono diffuse in tutti gli oceani del mondo. Fanno parte della famiglia dei delfini marini, di cui sono il membro più grande. Crescono fino a raggiungere i 10 metri di lunghezza e le 9 tonnellate di peso.

◀ Le orche fanno spesso dei gran salti fuori dall'acqua fino a 3–4 metri sopra la superficie.

▼ Una madre con il suo piccolo. La foca di Weddell è molto grande: lunga 3,5 metri, pesa di mezza tonnellata.

20 La foca di Weddell può immergersi più in profondità di qualsiasi altra sua simile. Alla ricerca di merluzzi o altri pesci, scende fino a 750 metri o anche più e può rimanere a lungo sott'acqua: sono state cronometrate immersioni di oltre un'ora. Vive nelle gelide acque dell'Antartide e il suo corpo è ricoperto da uno spesso strato di grasso che la aiuta a non disperdere il calore corporeo.

Chi vola e... chi plana!

21 **I pipistrelli sono gli unici mammiferi volanti.** Sfrecciano nell'aria con le loro ali, i patagi, costituite da lembi di pelle attaccati ai lati del corpo e sostenuti dalle ossa extra lunghe di braccia, mani e dita, adattatesi per questo scopo. Di solito i pipistrelli cacciano di notte e durante il giorno rimangono appesi per i piedi, a testa in giù, su un ramo o in una grotta, le ali ordinatamente ripiegate sui fianchi o lungo il corpo.

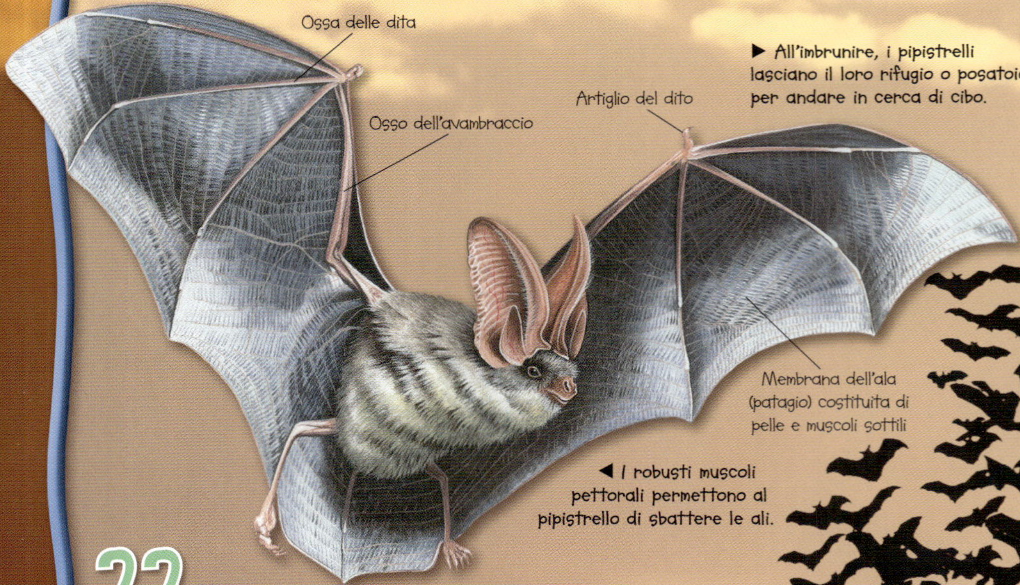

► All'imbrunire, i pipistrelli lasciano il loro rifugio o posatoio per andare in cerca di cibo.

◄ I robusti muscoli pettorali permettono al pipistrello di sbattere le ali.

22 **Oltre 1200 tipi di pipistrello.** Sono diffusi in quasi ogni parte del pianeta, eccetto nelle zone dal clima più rigido. Hanno una dieta piuttosto varia. I più comuni, gli insettivori, catturano le prede mentre volano nell'aria. Altri si cibano di polline e nettare dei fiori. I pipistrelli carnivori mangiano invece pesci, uccelli, lucertole e rane.

23 **I lemuri volanti non volano davvero, ma spiccano grandi salti chiamati a "volo planato" da un albero all'altro,** che consentono loro di percorrere in aria anche 100 metri. Ciò è reso possibile dai patagi, i lembi di pelle ai lati del corpo: si lanciano da un ramo, allargano gli arti per tendere la membrana di pelle che funge, così, da paracadute.

▼ L'ambia membrana del colugo delle Filippine, o lemure volante, non si apre solamente lungo i fianchi, ma anche tra le zampe posteriori e la coda.

NON CI CREDO!

Il pipistrello vampiro si nutre di sangue... e ne consuma molto: circa 26 litri all'anno, più o meno la quantità di sangue di cinque esseri umani!

24 **Altri mammiferi plananti sono gli scoiattoli volanti e i petauri dello zucchero.** Grazie al patagio, possono tutti planare tra gli alberi. Gli scoiattoli volanti si trovano in America del nord e in alcune zone dell'Asia. I petauri dello zucchero sono un tipo di opossum diffuso tra Australia e Nuova Guinea.

A casa tra neve e ghiacci

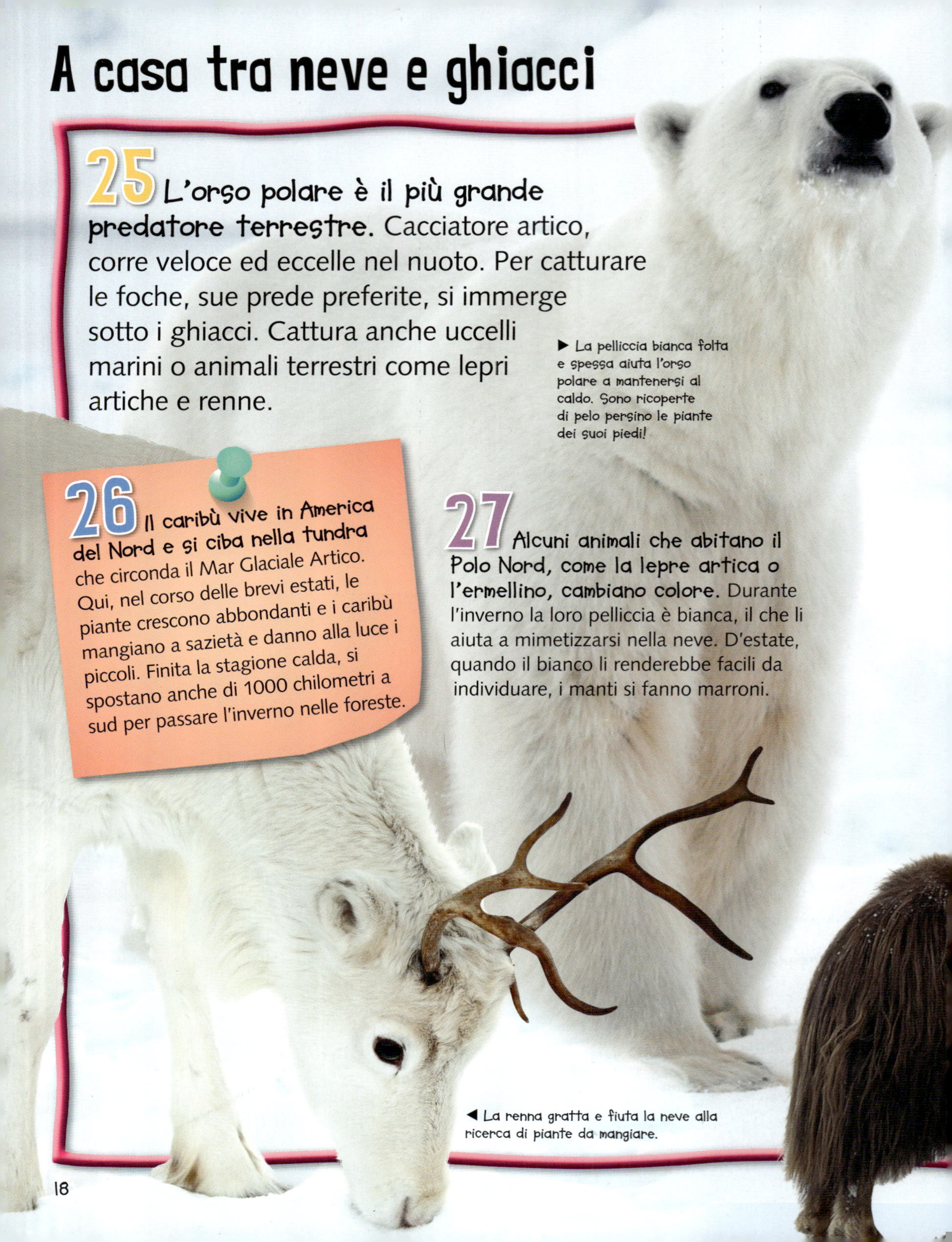

25 L'orso polare è il più grande predatore terrestre. Cacciatore artico, corre veloce ed eccelle nel nuoto. Per catturare le foche, sue prede preferite, si immerge sotto i ghiacci. Cattura anche uccelli marini o animali terrestri come lepri artiche e renne.

► La pelliccia bianca folta e spessa aiuta l'orso polare a mantenersi al caldo. Sono ricoperte di pelo persino le piante dei suoi piedi!

26 Il caribù vive in America del Nord e si ciba nella tundra che circonda il Mar Glaciale Artico. Qui, nel corso delle brevi estati, le piante crescono abbondanti e i caribù mangiano a sazietà e danno alla luce i piccoli. Finita la stagione calda, si spostano anche di 1000 chilometri a sud per passare l'inverno nelle foreste.

27 Alcuni animali che abitano il Polo Nord, come la lepre artica o l'ermellino, cambiano colore. Durante l'inverno la loro pelliccia è bianca, il che li aiuta a mimetizzarsi nella neve. D'estate, quando il bianco li renderebbe facili da individuare, i manti si fanno marroni.

◄ La renna gratta e fiuta la neve alla ricerca di piante da mangiare.

28 **Lo scoiattolo artico, uno scoiattolo terricolo, scava un sistema di tane in cui ripararsi, oppure ristruttura una vecchia serie di tane non occupate.** Fodera la zona principale del nido con erba secca, muschio e steli sottili. Qui va in letargo per oltre metà dell'anno, da agosto ad aprile.

▲ Al risveglio dal letargo, piante, semi e bacche costituiscono la dieta dello scoiattolo terricolo artico.

29 **La foca leopardo, uno dei predatori più feroci dell'Antartide,** popola le acque che la circondano cacciando pinguini, pesci e altre foche. In Antartide non ci sono mammiferi terrestri.

30 **Il tricheco ha zanne lunghe fino a un metro.** Le usa per trascinarsi fuori dall'acqua e avanzare sul ghiaccio, ma anche per difendersi dai nemici oppure per esibirle contro i trichechi rivali.

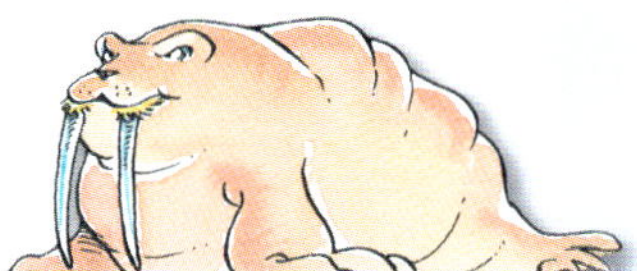

31 **Il bue muschiato ha una pelliccia esterna lunga e ruvida che lo aiuta a sopravvivere al gelo polare** e un folto sottopelo che lo protegge dall'umidità. Mangia erba, muschi e licheni, e per arrivare al cibo durante l'inverno scava con gli zoccoli nella neve.

▼ L'enorme bue muschiato maschio dà forti testate per tenere sotto controllo il suo branco.

Creature della notte

32 **Non tutti i mammiferi sono attivi di giorno.** Quelli che dormono nelle ore diurne e si svegliano di notte sono animali detti, appunto, notturni. Varie sono le ragioni per queste loro abitudini: di notte ci sono meno predatori in giro ed è anche più facile trovare dei luoghi in cui nascondersi nel buio sottobosco.

33 **L'aye-aye è uno strano lemure arboricolo del Madagascar.** Come molti animali notturni, ha occhi grandi per catturare quanta più luce possibile. Di giorno dorme in un nido di foglie e ramoscelli, di notte va a caccia di larve e altre piccole creature. Per estrarle da sotto la corteccia, usa il suo quarto dito, che è davvero molto lungo.

▲ L'aye-aye picchietta rami e tronchi cavi in cerca di cibo.

QUIZ

1. Qual è la parola che descrive gli animali che sono attivi di notte?
2. Dove vive l'aye-aye?
3. Cosa mangia il panda rosso detto anche panda minore?

Risposte
1. Si definiscono „notturni"
2. In Madagascar
3. Germogli di bambù, frutta, ghiande, insetti, uova di uccelli

34 **Il panda rosso mangia di notte.** Di giorno dorme, ma al calar delle tenebre, va a caccia di germogli di bambù, radici, frutti e ghiande. Non disdegna nemmeno insetti, uova di uccelli e piccoli animali. A volte, d'estate, si sveglia di giorno per arrampicarsi sugli alberi dove trova foglie fresche.

35 **Di solito le iene escono di notte per procacciarsi il cibo.** A volte cacciano delle prede, ma sono anche animali saprofagi, cioè si nutrono delle carcasse di animali uccisi da predatori più grandi. Non appena un leone ha finito di mangiare, le iene si fanno avanti per finire ciò che resta.

36 **I pipistrelli cacciano di notte.** Tra gli insettivori, alcuni, come il ferro di cavallo minore, trovano una preda grazie al loro speciale sonar. Mentre vola, il pipistrello emette squittii acuti. Se le onde sonore di tali suoni colpiscono un animale, per esempio una falena, l'eco vi rimbalza e torna indietro indicando al pipistrello il punto esatto in cui si trova la preda.

◄ Le iene cacciano di notte sfruttando il loro senso dell'olfatto molto sviluppato.

Vita di famiglia

37 **Molti mammiferi vivono in solitudine, a parte quando nascono i cuccioli, altri in gruppo.** I lupi se ne stanno in gruppi familiari detti branchi, guidati da una femmina adulta e dal suo compagno e contano fino a 20 animali.

▲ In branco, i lupi possono cacciare prede anche grandi come cervi e bisonti, ma non attaccano l'uomo.

38 **Un tipo di mangusta, il suricato, vive in grandi gruppi di anche 30 individui.** Ciascun gruppo, che prende il nome di colonia, comprende più nuclei familiari di una coppia di adulti insieme ai loro piccoli. I membri della colonia, che vivono in una rete di tane sotterranee, si proteggono a vicenda dai nemici.

▼ Alcuni suricati rimangono di guardia mentre i compagni mangiano.

39 **Gli elefanti marini maschi ingaggiano lotte selvagge per conquistarsi un gruppo di femmine,** l'harem. La foca maschio difende le sue femmine dagli altri maschi. Dopo l'accoppiamento, il gruppo non resta insieme a lungo.

40 **Anche alcune balene vivono in famiglia.** I globicefali, si riuniscono in 20 o più animali che nuotano e cacciano insieme. In un gruppo ci sono vari maschi adulti e un buon numero di femmine con i loro piccoli.

41 **L'eterocefalo glabro è una talpa senza pelo che vive sotto terra, in colonie guidate da una femmina.** La colonia comprende un centinaio di individui e la femmina dominante, o regina, che è l'unica a mettere al mondo i cuccioli. Gli altri membri della colonia scavano cunicoli in cerca di cibo per il gruppo, difendono la colonia e si prendono cura della regina.

42 **I leoni vivono in branchi,** in cui sono presenti uno o più maschi adulti e le femmine, imparentate tra loro, con i loro piccoli. Il numero medio dei componenti è 15. Le femmine restano di solito nel gruppo in cui sono nate, mentre i maschi se ne vanno prima di essere adulti. Con questa vita "di famiglia" i leoni fanno eccezione rispetto alla gran parte degli altri grandi felini, che tendono invece a vivere in solitudine.

▼ I bonobo sono animali pacifici e condividono il cibo con i compagni.

43 **I bonobo, o scimpanzé nani, vivono in grandi gruppi di 80 o più individui** composti di solito da femmine, maschi e giovani. All'interno della comunità, alcuni sono grandi amici tra loro e interagiscono di più che con altri. I gruppi trascorrono del tempo insieme per andare in cerca di cibo, per pulirsi a vicenda o per riposare. A volte l'intera comunità si raduna per dormire o spostarsi, di solito guidata da una o da un numero ristretto di femmine.

Gli abitanti del deserto

44 Molti animali del deserto si rifugiano sotto terra per proteggersi dal caldo. Il gerbillo, diffuso in Africa settentrionale, esce soltanto di notte per mangiare semi e insetti. Si è adattato così bene alla vita nel deserto da non avere quasi mai bisogno di bere.

▶ Il dipodillo del Nordafrica tira fuori dal cibo tutto il liquido che gli serve per sopravvivere.

45 I grandi padiglioni auricolari aiutano il fennec a disperdere il calore. Per la sua taglia, questa volpe del deserto nordafricano ha orecchie in proporzione ben più grandi di un cane o una volpe.

46 Il gatto di Pallas abita nel deserto del Gobi. Ha una pelliccia spessa e lunga che lo tiene caldo durante il rigido inverno. Animale solitario, vive abitualmente in una grotta o in una tana e caccia topi e uccelli.

▶ Le grandi orecchie dei fennec riescono a percepire prede minuscole, come per esempio le formiche.

47 Un cammello sopravvive settimane senza bere, riuscendo a cavarsela con i liquidi che estrae dalle piante del deserto. Quando però trova dell'acqua, beve anche 100 litri in una sola volta. Nella gobba non immagazzina acqua, ma può far scorte di grasso.

48 **Un ratto canguro non ha bisogno di bere.** Sono i reni che controllano il livello dell'acqua nel corpo di un animale, e quelli del ratto canguro sono molto più efficienti dei nostri. È addirittura in grado di trasformare parte del cibo in liquidi all'interno del suo corpo!

QUIZ

1. Quanta acqua può bere un cammello in una volta sola?
2. Dove vive il cammello a due gobbe, o battriano?
3. Quali sono gli animali che non hanno bisogno di bere?

Risposte
1. 100 litri 2. Nel deserto del Gobi 3. Il dipodillo del Nordafrica e il ratto canguro

49 **Il cammello a due gobbe, o battriano, ha una folta pelliccia che lo protegge dal freddo durante l'inverno.** Vive nel deserto del Gobi, in Asia, dove può far molto freddo. D'estate il pelo ispido e lungo cade, lasciando il cammello praticamente glabro.

50 **Il riccio del deserto mangia gli scorpioni!** Prima di farlo, però, stacca con cura il pungiglione mortale. Si nutre inoltre di insetti e di uova di uccello.

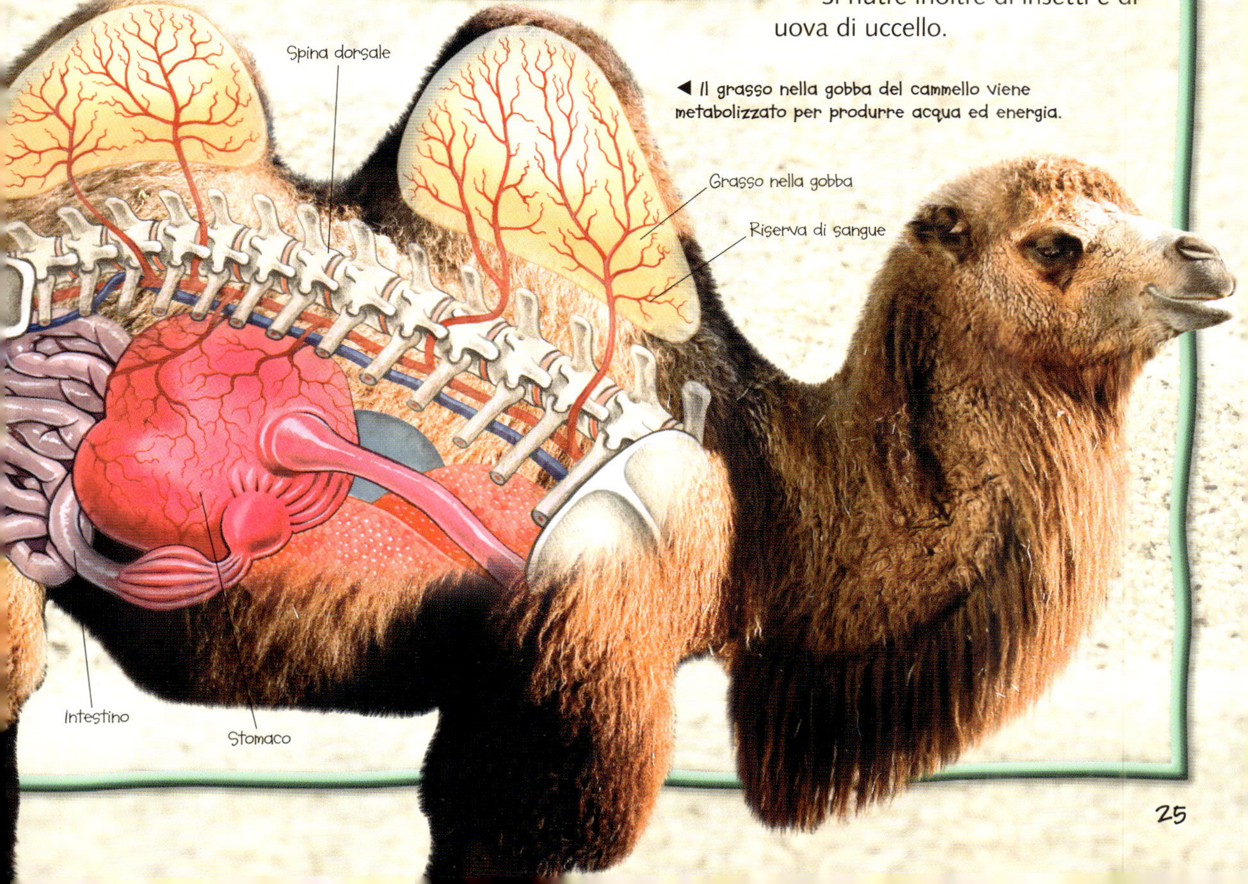

◀ Il grasso nella gobba del cammello viene metabolizzato per produrre acqua ed energia.

A caccia

51 Si definiscono carnivori quei mammiferi che cacciano e uccidono altri animali per mangiarli. I carnivori includono leoni, tigri, lupi e cani. La carne è un concentrato di calorie, più di tante piante, per questo ai carnivori non serve cacciare tutti i giorni. Una preda può bastare per diversi giorni.

52 La tigre, il più grande dei felini, è anche un abile predatore. Va a caccia di bufali, cervi e cinghiali, preferibilmente da sola. La tigre, piuttosto che inseguire un animale, riesce ad avvicinarsi a passo felpato, grazie al mantello a strisce che la aiuta a mimetizzarsi nell'erba alta. Una volta che è molto vicina, balza sulla vittima e la soffoca con un morso alla gola.

▲ Una tigre insegue la sua preda in totale silenzio, il corpo raso terra, per non farsi né vedere né sentire.

► La maggior parte dei carnivori caccia animali più piccoli di loro. Il leone ha più facilità a catturare e uccidere prede più piccole, per esempio un puledro di zebra come quello raffigurato qui sotto.

CATENA ALIMENTARE

Realizza la tua catena alimentare. disegnando un grande carnivoro, per esempio un leone, e attacca un cordino al disegno. Ora disegna un animale che il leone mangia, magari una zebra, e appendi il disegno a quello del leone. Infine disegna un bel prato e parecchie piante (il cibo della zebra) su un altro foglio, che appenderai a sua volta al disegno della zebra.

53 **La dieta degli orsi è molto varia.** Carnivori quasi tutti, si nutrono però in maggiori quantità di sostanze vegetali che di carne, a parte l'orso polare. Gli orsi bruni sono ghiotti di frutta, noci, insetti e pesci, che catturano loro stessi. D'estate, quando i salmoni risalgono i fiumi per deporre le uova, gli orsi guadano i bassi fondali e agguantano i pesci con le enormi zampe.

54 **I licaoni cacciano insieme.** Uniti, sono in grado di abbattere animali anche molto più grandi di loro. Il branco parte all'inseguimento di un gruppo di erbivori, zebre o gazzelle, che scappa compatto, ma dopo un po' l'individuo più debole o lento rimane indietro, divenendo una facile preda.

◀ Questo giovane gnu è stato separato dalla sua mandria da un branco di licaoni, comunemente chiamati cani selvatici africani.

Al contrattacco!

55 **Alcuni mammiferi hanno modi particolari per difendersi dai nemici.** L'armadillo a nove fasce è dotato di una sorta di giubbotto antiproiettile. Placche ossee sormontate da uno strato corneo gli ricoprono infatti schiena, fianchi e testa.

▼ Ventre e zampe non sono protetti ma, se minacciato, l'armadillo si appallottola stretto.

Testa e coda si incastrano sino a formare una vera e propria "palla" corazzata.

Passato il pericolo, l'armadillo inizia a srotolarsi...

...e se ne va!

56 **Il corpo dell'istrice è ricoperto sul dorso da 30.000 aculei acuminati.** All'avvicinarsi di un nemico, l'animale, spaventato, inizia a drizzare gli aculei. Se questo primo avvertimento fallisce, l'animale si avventa sull'aggressore per infilzargli nella carne le spine appuntite.

◀ La colorazione bianca e nera serve da avvertimento: chi si avvicina sa che la puzzola può spruzzare un liquido disgustoso.

57 **La puzzola si difende per mezzo di un liquido maleodorante** che fuoriesce da ghiandole speciali situate vicino alla coda dell'animale. Se minacciata, la puzzola alza la coda e lancia un getto contro il nemico. Il fluido ha un odore forte che irrita gli occhi della vittima e le rende difficile respirare. Nel frattempo la puzzola scappa.

NON CI CREDO!

A volte le puzzole mangiano le api, ma prima le fanno rotolare a terra fino a far cadere il pungiglione.

58 I rinoceronti caricano alla massima velocità. In genere sono animali pacifici, ma quando si tratta del suo piccolo, la mamma lo difende con ferocia. Se teme una minaccia, parte al galoppo, a testa bassa, contro il nemico, lanciandosi in avanti con i tremendi corni. Pochi predatori sfidano un rinoceronte arrabbiato!

◄ La vista di un rinoceronte adulto che carica è sufficiente per far fuggire la maggior parte dei predatori.

59 Il corpo del pangolino è protetto da squame resistenti e sovrapposte che lo fanno sembrare una pigna gigante. Questo animale si nutre soprattutto di formiche e termiti, e la dura corazza lo protegge dai morsi e dalle punture irritanti delle sue minuscole prede.

◄ Persino la lunga coda prensile del pangolino è superprotetta!

Nel folto della giungla

60 I mammiferi della giungla vivono a ogni livello della foresta, dalle cime degli alberi più alti al suolo. I pipistrelli volano sopra le chiome degli alberi, le scimmie saltano di ramo in ramo. Più in basso, piccole creature come zibetti e potti si nascondono nella fitta vegetazione.

▼ All'alba e al tramonto nella foresta pluviale amazzonica riecheggiano grida e strilli della scimmia urlatrice.

61 La scimmia urlatrice ha il richiamo più forte di tutti gli animali della giungla. Ogni gruppo, o truppa, di scimmie urlatrici rivendica un'area, il proprio territorio, e i maschi delle truppe rivali strillano l'un contro l'altro per difenderlo. Le loro grida si sentono da una distanza di anche 5 chilometri.

▼ A differenza della maggior parte dei felini, l'acqua piace ai giaguari, anzi, è qui che vanno a caccia di pesci, tartarughe e serpenti.

62 Il giaguaro è tra i predatori più feroci. Diffuso nella foresta pluviale sudamericana, è il felino più grande dell'America del Sud. Il pecari, simile a un piccolo cinghiale, e il capibara, un grande roditore della giungla, sono alcune delle sue prede preferite.

65 **Alcune scimmie hanno una lunga coda di cui si servono come arto in più quando si arrampicano.** Definita coda prensile, è dotata di un potente sistema di ossa e muscoli, perfetto per la presa.

◄ I bradipi vivono nelle foreste pluviali e nelle paludi del Sud e Centro America. Sono davvero nuotatori provetti.

63 **Il bradipo non scende quasi mai a terra.** Questo animale della giungla vive sugli alberi, sospeso tra i rami con i suoi speciali artigli a forma di uncino. Si è adattato talmente bene a questa vita, che la pelliccia gli cresce all'insù, al contrario rispetto a quella degli altri mammiferi, così l'acqua piovana gocciola via più facilmente.

64 **I tapiri, animali simili ai maiali, vivono nella giungla al livello del suolo.** Hanno musi lunghi e flessibili e si nutrono di foglie, germogli ed erba. Si conoscono tre tipi di tapiro nelle foreste pluviali sudamericane e uno nelle foreste pluviali del sud-est asiatico.

◄ È facile trovare il tapiro brasiliano vicino all'acqua, ed è anche un grande nuotatore.

66 **L'okapi si serve della lunga lingua per strappare le foglie dagli alberi della foresta.** È così lunga che riesce persino a leccarsi gli occhi quando vuole pulirseli.

► Gli okapi si nutrono nelle fitte e remote foreste pluviali dell'Africa centrale.

Cibi particolari

67 **Alcuni mammiferi mangiano solo uno o due tipi di cibo.** La dieta del panda gigante si basa soprattutto su germogli e radici della pianta di bambù. Un panda trascorre fino a 12 ore al giorno a masticare, ingerendo oltre 10 chilogrammi di bambù. Si nutre anche di piccole quantità di altre piante, e di tanto in tanto va a caccia di topi e pesci.

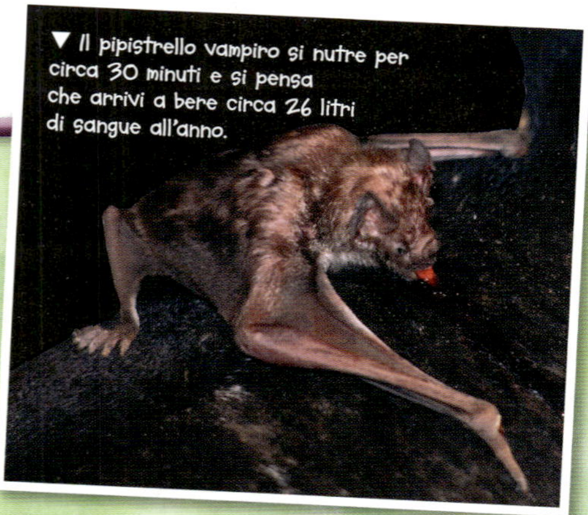

▼ Il pipistrello vampiro si nutre per circa 30 minuti e si pensa che arrivi a bere circa 26 litri di sangue all'anno.

68 **Il pipistrello vampiro è l'unico pipistrello che si nutre di sangue.** Cacciatore notturno, quando trova una vittima, un cavallo o una mucca, atterra non lontano e sale sull'animale. Qui, con i denti affilati fa un piccolo taglio sulla sua pelle e poi beve il sangue usando la lingua.

▶ I panda giganti vivono nelle foreste di bambù della Cina centrale. Sono molto pochi gli esemplari rimasti allo stato brado, se ne contano più o meno tra i 1500 e i 3000.

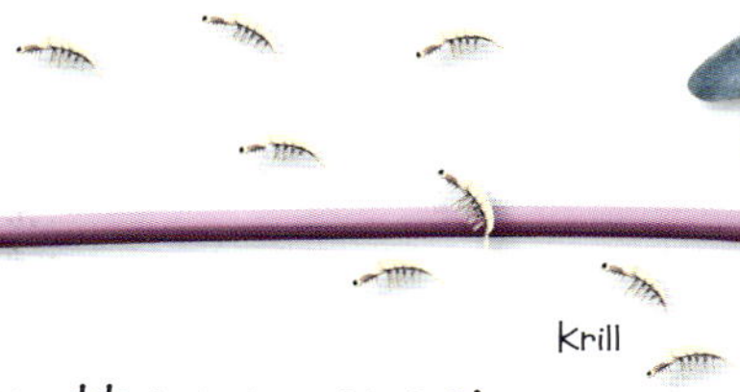

Krill

69 La balenottera azzurra si nutre solo di krill, circa 4 tonnellate al giorno.

Sono minuscole creature simili a gamberetti, che cattura grazie a uno speciale sistema di filtraggio in bocca che espelle l'acqua e trattiene il krill.

▶ Le balene hanno i fanoni, una sorta di lamine che pendono come un pennello dalla mascella superiore. La balena franca della Groenlandia ha quelli più lunghi, di addirittura 3 metri.

70 Il koala mangia le foglie delle piante di eucalipto,

dure e velenose per parecchi altri animali. Non sono particolarmente nutrienti, e per cibarsi a sufficienza il koala passa parecchie ore del giorno a mangiare. Il resto del tempo lo trascorre a dormire, così da risparmiare le energie. L'apparato digerente del koala si è adattato per far fronte a questa dieta insolita.

71 Formiche e termiti costituiscono la dieta principale del formichiere gigante,

che con i robusti artigli uncinati scava delle aperture nei nidi di questi insetti e poi vi inserisce la lingua appiccicosa, lunga anche 60 centimetri, per raggiungere insetti adulti, uova e piccoli.

▶ Un formichiere gigante può mangiare ogni giorno oltre 20.000 tra formiche e termiti.

Animali cittadini

72 Le volpi riescono a sopravvivere in città. Un tempo trovavano cibo nelle campagne, poi hanno capito che i bidoni della spazzatura nelle aree urbane sono un buon... terreno di caccia! La volpe rossa è praticamente onnivora. Mangia uccelli e conigli, insetti, frutta e bacche e si prende anche gli avanzi degli esseri umani!

73 I ratti mangiano veramente di tutto. Mordono fili elettrici, condutture di piombo e persino dighe di cemento. Negli Stati Uniti causano tutti gli anni danni fino a un miliardo di dollari!

◀ La volpe rossa è presente in tutti i continenti, tranne in America del Sud e Antartide. Segue l'uomo che butta tra i rifiuti i resti di cibo.

74 Ratti e topi sono tra i mammiferi di maggior successo. Popolano ogni parte del mondo e mangiano ogni tipo di cibo, o quasi. Il ratto grigio e il topo comune sono tra i più diffusi. Il primo mangia semi, frutta e grano, ma attacca anche uccelli e topi. In città vive in cantine, fogne, e ovunque ci sia cibo in decomposizione e immondizia.

▼ Il topo comune si nasconde sotto i pavimenti e negli armadi. Mangia qualsiasi tipo di cibo lasciato dagli uomini, ma apprezza anche colla e sapone!

▼ I giovani procioni imparano in fretta a rovesciare i bidoni della spazzatura e a rompere i sacchi per arrivare ai residui di cibo buttati.

75 Anche i procioni vivono in città e metropoli, e razziano i bidoni della spazzatura. Come le volpi, hanno un'ampia gamma di cibi che non disdegnano: pesci, noci, semi, bacche, insetti e ciò che trovano rovistando tra i rifiuti. Di solito sono animali attivi di notte e trascorrono il giorno in una tana, un rifugio, una cavità tra le rocce o in un angolo di un edificio vuoto.

Mammiferi d'acqua dolce

NON CI CREDO!

Tra i mammiferi, i migliori nuotatori sono... gli elefanti! "Camminano" in acqua per ore senza toccare, e possono immergersi del tutto! Per respirare, hanno un boccaglio naturale: la proboscide.

76 Molti mammiferi che vivono lungo i fiumi trascorrono del tempo in acqua. La lontra di fiume e il ratto d'acqua se ne stanno sulla riva ed entrano in acqua solo per nutrirsi. L'ippopotamo, invece, passa molte ore immerso, perché gli piace stare al fresco. Inoltre la sua pelle deve restare umida: se si asciuga troppo, rischia di seccarsi.

▲ L'arvicola acquatica ha il naso smussato e, a differenza del topo grigio per il quale viene spesso scambiata, orecchie e coda pelose.

77 Di notte gli ippopotami lasciano il loro fiume o lago per andare in cerca di piante terrestri di cui nutrirsi. Tuttavia si allontanano di rado e tornano di corsa in acqua se si sentono minacciati da qualche pericolo.

78 L'arvicola acquatica si cerca una tana nei cunicoli lungo le sponde di fiumi o laghi. Si ciba di piante che crescono vicino all'acqua e in pozze poche profonde, ed è una grande nuotatrice.

◀ Quando un ornitorinco trova del cibo, lo immagazzina nelle guance fino a quando non ha il tempo di mangiarlo.

79 L'ornitorinco usa il becco, simile a quello delle anatre, per cercare cibo nel letto del fiume. Lo strano becco, estremamente sensibile al tatto, percepisce i segnali elettrici che le prede emettono. L'ornitorinco si immerge fino al fondo del fiume e scava nel fango per scovare vermi e gamberetti.

80 Mentre la lontra nuota, o si immerge, le si chiudono orecchie, impedendo all'acqua di entrare. Particolari sono inoltre i piedi palmati e il pelo corto e spesso, che mantiene asciutta la pelle.

81 Quasi tutti i delfini sono marini, ma ce ne sono alcuni che vivono in acqua dolce. Esistono quattro diversi tipi di delfini di fiume che popolano i corsi d'acqua dell'Asia e dell'America, come il lipote, o delfino dello Yangtze, oggi considerato estinto. Tutti si nutrono di pesce e crostacei. Per trovare una preda si servono, sembra, dell'ecolocalizzazione, una specie di sonar molto simile a quello dei pipistrelli.

▼ L'ippopotamo non è un grande nuotatore, ma può camminare sul letto del fiume e può rimanere in apnea sott'acqua per mezz'ora.

Erbivori

82 **Per nutrirsi a sufficienza, gli erbivori passano gran parte del loro tempo a mangiare.** Una zebra trascorre almeno metà della sua giornata a masticare erba. Il vantaggio di essere erbivori, però, è che gli animali non devono né inseguire il cibo né contenderselo, come fanno i predatori.

▼ Per rimanere fermo davanti ai fiori mentre mangia, il *Choeronycteris mexicana* sbatte le ali velocissimo.

83 **Alcuni tipi di pipistrelli si nutrono di polline e nettare.** Il *Syconycteris australis*, un pipistrello diffuso nel Queensland (Australia), ha la lingua lunga che, come un pennello, immerge nei fiori per raggiungere il cibo. Mentre si nutre, impollina i fiori: trasporta infatti il polline maschile alle parti femminili, che potranno così generare semi e frutti.

▼ *I carnivori, come i leoni, si nutrono di erbivori, per esempio le zebre. Perché la "catena alimentare" non si fermi, è quindi necessario che gli erbivori siano in numero superiore rispetto ai carnivori.*

84 **Le piante sono la principale fonte di cibo di gran parte delle scimmie** che popolano le foreste tropicali, dove foglie fresche e frutta matura abbondano tutto l'anno. Alcune mangiano anche insetti e altri piccoli animali.

◀ Semi e frutta costituiscono la dieta prevalente dell'uacari calvo, che abita le foreste pluviali sudamericane.

85 **I conigli hanno denti forti per rosicchiare foglie e corteccia.** Utilizzano i grandi denti anteriori per spezzettare foglie e ramoscelli. Questi incisivi hanno la particolarità di non smettere mai di crescere: se non lo facessero, si consumerebbero. I conigli hanno anche denti interni più larghi, che servono per "macinare" meglio il cibo.

86 **Il lamantino è un mammifero acquatico che si nutre di piante.** Ci sono tre tipi diversi di queste grandi e pacifiche creature: due vivono nei fiumi dell'Africa occidentale e nella foresta pluviale sudamericana, il terzo si trova per lo più nell'Atlantico occidentale, tra Florida e Amazzonia.

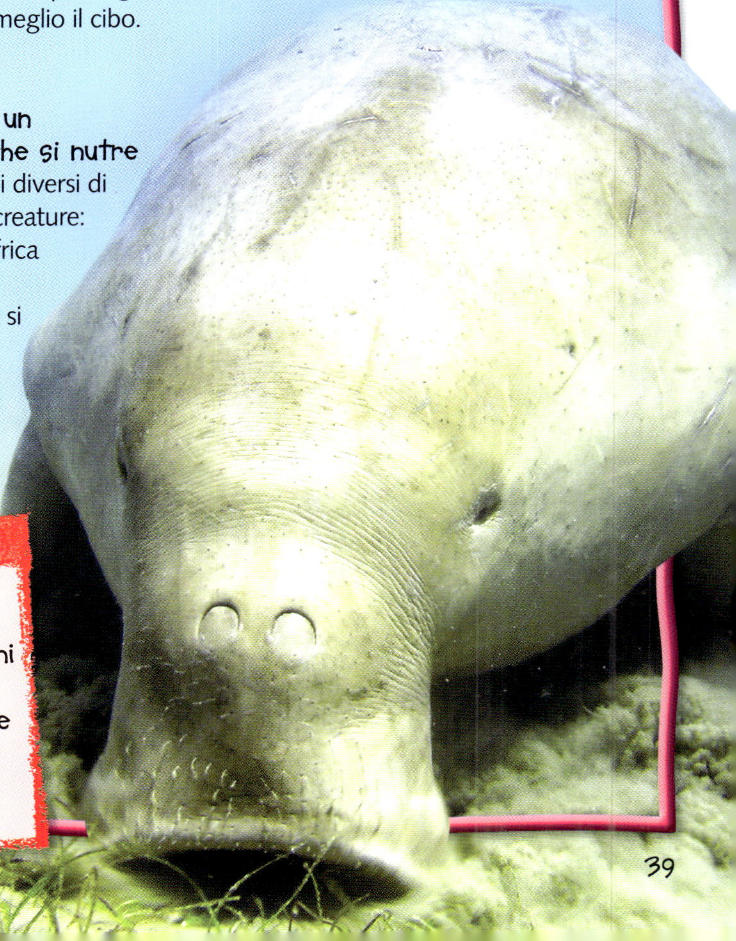

▶ I lamantini e i dugonghi, parenti relativamente stretti, si nutrono di ninfee, erbe acquatiche e alghe.

NON CI CREDO!

Le leggende raccontate dai marinai sulle sirene sono nate forse proprio dai lamantini. Alcuni marinai miopi sembra scambiassero queste creature marine cicciotte... per belle ragazze!

Superscavatori!

87 **I cani della prateria sono scavatori provetti.** Assomigliano a paffuti scoiattoli dalla coda corta. Ne esistono cinque specie diverse, tutte in America del Nord. Scavano grandi tane con più camere collegate tra loro da gallerie.

LEGENDA
1. Muro antiallagamento all'ingresso
2. Camera laterale
3. Riserva alimentare
4. Tra loro si salutano "baciandosi"
5. Camera dei cuccioli
6. Camera per il riposo e il sonno

▶ Questa vista in sezione mostra la complicata disposizione di una tana di cani della prateria.

88 **I cani della prateria non sono sempre al sicuro sotto terra.** A volte le civette delle tane si stabiliscono in una parte delle loro gallerie sotterranee e predano i suoi abitanti.

89 **I tassi scavano sottoterra complessi sistemi di camere e gallerie** che comprendono zone per i genitori e per piccoli, o adibite al letargo e alla dispensa. Le stanze per il riposo sono foderate di erba secca e foglie, che i tassi spesso... portano fuori ad arieggiare!

▼ I tassi di solito rimangono nella loro tana durante il giorno e ne escono solo al crepuscolo. Sono creature giocherellone e non è raro vedere degli adulti giocare con i loro piccoli.

▼ Il naso ultra sensibile della talpa dal muso stellato scandaglia il terreno in cerca di prede.

90 **Le talpe hanno arti anteriori adatti a scavare.** Larghe, rivolte verso l'esterno e provviste di artigli grandi e forti, le talpe usano le mani per avanzare nel terreno. Praticamente ciechi, questi animali hanno il senso del tatto incredibilmente sviluppato e sul muso sono presenti vibrisse molto sensibili.

Mamme e cuccioli

91 La maggior parte delle balene nasce dalla coda, perché se spuntasse prima la testa il piccolo rischierebbe di annegare durante il parto. Appena è fuori con tutto il corpo, la madre, aiutata da altre femmine, lo spinge delicatamente verso la superficie per fargli fare il suo primo respiro. La mamma nutre il cucciolo con il proprio latte, come fanno gli altri mammiferi.

▼ Nei primi mesi di vita un cucciolo di balena come questo giovane esemplare di balena grigia non si stacca praticamente mai dalla mamma.

92 Quelli di balena sono i neonati più grandi tra tutti i mammiferi. Un piccolo di balena grigia è lungo 4 metri, pesa due terzi di tonnellata e beve 200 litri di latte materno al giorno: più di due vasche da bagno piene!

93 L'opossum della Virginia può partorire oltre 15 piccoli in una sola volta, più di qualsiasi altro mammifero. I neonati sono lunghi appena 1 centimetro e, tutti insieme, i cuccioli pesano appena un paio di grammi.

94 **In proporzione alla dimensione della mamma, gli orsi mettono al mondo i cuccioli più piccoli di tutti i mammiferi placentali.** Il peso di un panda gigante appena nato si attesta sui 120 grammi, mentre la madre raggiunge i 120 chilogrammi, il che significa che è 1000 volte più pesante. La durata della gravidanza dell'orso labiato è di circa sette mesi. Come per gli altri orsi, nascono uno o due piccoli per cucciolata.

◀ Una madre di orso labiato, o orso giocoliere, trasporta i suoi piccoli sulla schiena fino al compimento del primo anno.

96 **I cuccioli di mammifero hanno bisogno di parecchie cure.** Quelli di molti mammiferi predatori, dalle donnole ai lupi, agli orsi e anche ai felini più grandi, nascono glabri e indifesi, incapaci di vedere e di sentire bene. La madre li tiene al sicuro in un nido o in una tana, e tra una caccia e l'altra torna ad allattarli.

95 **Ci sono neonati che devono alzarsi sulle zampe e iniziare a correre ad appena un'ora dalla nascita.** Se alcuni, per esempio quelli delle antilopi, fossero indifesi come il cucciolo di panda, diventerebbero una preda facile per i cacciatori. Se vogliono sopravvivere devono quindi rizzarsi in piedi e muoversi subito con il resto del branco.

▶ Un bisonte appena nato si sforza di mettersi in piedi pochi minuti dopo il parto: lupi o puma potrebbero non essere lontani.

UCCELLI

97 Gli uccelli hanno due zampe, un paio di ali e il corpo ricoperto di piume. Sono tra gli animali che vediamo più spesso in natura. Diffusi in ogni parte del mondo, dalla gelida Antartide ai torridi deserti, hanno dimensioni incredibilmente variabili, basti pensare all'enorme struzzo con i suoi 3 metri di altezza, o al minuscolo colibrì di Elena, che è appena più grande di un'ape.

▲ I tessitori di Baya sono comuni in tutto il sud e il sud-est asiatico. Come suggerisce il nome, questi uccelli "tessitori" costruiscono nidi intrecciando tra loro strisce di materiale vegetale e foglie. Il risultato? Autentici capolavori!

Il mondo degli uccelli

98 Esistono oltre 9000 diverse specie di uccelli, suddivise a loro volta dagli scienziati in 29 gruppi chiamati ordini, che ne comprendono varie specie. Il più grande è l'ordine dei passeriformi.

▼ Questo fringuello appartiene all'ordine dei passeriformi, come del resto più della metà di tutte le specie di uccelli conosciute.

Ordine dei passeriformi: Include pettirossi, passeri e scriccioli

Ordine degli apodiformi: Rondoni e colibrì

Ordine dei piciformi: Tucani e picchi

Ordine dei psittaciformi: Pappagalli, cacatua e lorichetti

Ordine dei caradriformi: Trampolieri, gabbiani e alcidi

▲ La forma del becco aiuta a capire a quale ordine appartiene un uccello. Queste immagini mostrano alcuni esempi di volatili facenti parte degli ordini più grandi.

99 Tutti gli uccelli hanno le ali, che corrispondono i loro arti anteriori. Possono avere forme diverse: le aquile, che si librano per ore in cielo, le hanno lunghe e larghe per sfruttare le correnti d'aria. Quelle degli uccelli piccoli che volano veloci come i rondoni sono sottili e appuntite.

▶ Le piume hanno forme, dimensioni e strutture differenti a seconda della loro funzione.

100 Gli uccelli sono le sole creature dotate di penne e piume, che sono fatte di cheratina, lo stesso materiale dei nostri capelli e unghie. Le piume li tengono caldi, le penne di ali e coda gli servono per volare. Alcuni uccelli hanno penne colorate per attirare i partner o per mimetizzarsi con l'ambiente.

101

Tutti gli uccelli hanno il becco, che serve loro per mangiare. È fatto di osso e da un rivestimento corneo, la ranfoteca. Ci sono vari tipi di becco, a seconda delle abitudini alimentari. I volatili che si nutrono di insetti tendono ad avere becchi sottili e affilati con cui catturano piccole prede. Il becco forte del pappagallo è perfetto per rompere le noci. Uccelli rapaci tipo gli astori hanno potenti becchi adunchi per strappare via la carne dalle loro prede.

QUIZ

1. Quanti tipi di uccelli esistono?
2. Qual è l'ordine di uccelli più grande?
3. Di cosa sono fatte le penne?
4. Com'è il becco di un rapace?

Risposte
1. Più di 9000
2. L'ordine dei passeriformi
3. Di cheratina 4. Adunco

102

Gli uccelli depongono le uova. Per loro sarebbe impossibile crescere i piccoli dentro i loro corpi come fanno i mammiferi. Volare diventerebbe decisamente troppo pesante per loro.

▼ L'uovo protegge il pulcino che cresce e gli fornisce il nutrimento. Mentre i piccoli si sviluppano, i genitori, come per esempio questo edredone comune, proteggono le uova e le tengono al caldo. È una fase che viene chiamata incubazione.

Taglie diverse

103 **L'uccello più grande del mondo è lo struzzo.** Ha zampe lunghe e, in piedi, arriva a quasi 3 metri di altezza. Pesa attorno ai 115 chilogrammi, quasi il doppio rispetto a un uomo adulto di taglia media. I maschi sono un po' più grandi delle femmine. Lo struzzo vive principalmente nelle praterie dell'Africa, dove si nutre di vegetali come foglie, fiori e semi.

105 **L'uccello volante più pesante è l'otarda maggiore.** Il maschio pesa sui 12 chilogrammi, mentre la femmina è più piccola. Nonostante la mole, l'otarda vola a grande velocità; tuttavia trascorre parecchio tempo a terra.

▶ Questo struzzo maschio si prende cura dei suoi pulcini. Le femmine, più piccole dei maschi, hanno penne tendenti al marrone.

104 **Il colibrì di Elena è l'uccello più piccolo del mondo.** Tutto il corpo, compresa la coda, misura circa 5 centimetri, e il peso si aggira sui 2 grammi, più o meno come un cucchiaino di riso. Svolazza sulle sole caraibiche, in particolare a Cuba, e come gli altri colibrì si nutre del nettare dei fiori.

◀ Un piccolo colibrì di Elena mangia ogni giorno una quantità di cibo che pesa la metà di lui.

106 **Con i suoi 18 centimetri di lunghezza, il petrello di Wilson** è il più piccolo volatile marino del nostro pianeta. Saltella sulla superficie dell'acqua per catturare minuscole creature che popolano i mari. È molto comune sugli Oceani Atlantico, Indiano e Antartico.

107 **L'albatro urlatore ha le ali più lunghe di qualsiasi altro uccello.** Quando sono distese, l'apertura alare arriva fino a 3,5 metri. L'albatro trascorre la maggior parte della sua vita in aria. Sorvola gli oceani catturando pesci e calamari dalla superficie dell'acqua.

▲ L'albatro urlatore scende sulla terraferma solo nel periodo della riproduzione. Depone le uova sulle isole degli Oceani Pacifico meridionale, Atlantico meridionale e Indiano.

108 **Il più grande uccello rapace è il condor delle Ande.** Un tipo di avvoltoio che misura circa 110 centimetri in lunghezza e arriva a un peso di 12 chilogrammi. Sorvola le Ande alla ricerca di carcasse di pecore, mucche e lama di cui si ciba.

► Il condor delle Ande se ne sta spesso appollaiato su alberi ad alto fusto e scogliere.

109 **Uno degli uccelli rapaci più piccoli è il falchetto dal collare.** Lungo appena 18 centimetri, lo si può trovare tra l'India e il sud-est asiatico. Caccia insetti e altri piccoli uccelli.

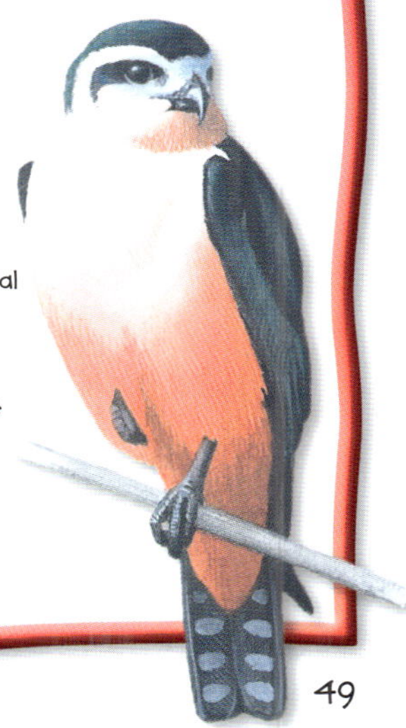

► Il falchetto dal collare abita le foreste. Le sue piccole dimensioni gli consentono di sfrecciare veloce tra gli alberi.

Bolidi volanti

110 L'uccello più veloce in volo è il falco pellegrino. Caccia altri uccelli direttamente in aria, e per catturare una preda adotta un sistema di picchiata verticale davvero spettacolare superando l'incredibile velocità di 300 chilometri orari! Nei voli orizzontali tocca i 100 chilometri all'ora. I falchi pellegrini sono presenti quasi ovunque nel mondo.

▶ Quando un falco pellegrino identifica il suo bersaglio, si lancia a velocità incredibili!

▶ Le ali del colibrì battono talmente veloci da generare un suono caratteristico, una sorta di ronzio.

111 Mentre un colibrì se ne sta fermo in aria, le sue ali si muovono a una media di 50 battiti al secondo o anche più! Il minuscolo *Heliactin bilophus* le batte alla straordinaria velocità di 90 volte al secondo. Mentre si libra, il corpo rimane in posizione verticale.

112 Anche anatre e oche volano a velocità sostenute.

112 **Anche anatre e oche volano a velocità sostenute.** Molte sono in grado di superare i 65 chilometri all'ora. Lo smergo minore e l'edredone comune arrivano a 100 chilometri all'ora.

▲ L'edredone comune maschio ha una caratteristica macchia di piume verdi sul retro del collo.

113 **Il rondone trascorre quasi tutta la sua vita in aria e atterra di rado.** Una volta lasciato il nido, un giovane rondone riesce percorrere fino a 500.000 chilometri, e potrebbe non scendere mai a terra per due anni. Il rondone comune è stato cronometrato: in volo battuto raggiunge i 112 chilometri all'ora.

▲ In volo il rondone può mangiare, bere, catturare una preda e accoppiarsi.

114 **A terra, il corridore della strada, o roadrunner, è in grado di muoversi molto velocemente.** Mentre caccia insetti, lucertole e uova di uccello, sfiora i 27 chilometri all'ora. Può anche volare, ma preferisce correre o camminare.

NUTRI GLI UCCELLI!

Cosa ti serve

225 g di grasso (sugna, strutto o lardo)
500 g tra semi, noci, nocciole e arachidi • spago

Chiedi a un adulto di aiutarti. Sciogli il grasso e mescolalo con i semi, le nocciole ecc. Versa il composto in un vecchio vasetto di yogurt e lascialo raffreddare e indurire. Rimuovi la "torta" e fai un foro al centro in cui passare lo spago. Ora fai un nodo a una delle estremità e appendilo a un albero. Vedrai gli uccelli arrivare a frotte a mangiare!

Campioni di nuoto

115 **Tra gli uccelli, i pinguini sono i più grandi campioni di nuoto e di immersioni.** Vivono prevalentemente in Antartide, all'estremità meridionale del pianeta. Trascorrono gran parte della loro vita in acqua, dove catturano pesci e krill, ma si riproducono sulla terraferma. Le ali fungono da potenti pinne con cui si spingono in avanti nell'acqua, mentre per indirizzare il nuoto usano la coda e i piedi palmati. Sulla terra, a volte si spostano da un punto all'altro lasciandosi scivolare sul ghiaccio distesi sulla pancia!

▼ I pinguini reali si immergono abitualmente a 50 metri di profondità, ma possono scendere anche di più, a 300 metri, soprattutto quando c'è scarsità di cibo.

116 **I pigoscelidi comuni, o pinguini Papua, sono tra gli uccelli nuotatori più veloci.** Raggiungono i 36 km/h, più di quanto riesca a correre la maggior parte delle persone, tuttavia la velocità media si aggira sui 5-10 km/h.

▶ I pinguini Papua corrono verso la riva e per aiutarsi a "volare" spiccano un salto surfando sull'onda.

117 La sula bassana si tuffa da un'altezza di anche 30 metri sopra il mare per acciuffare un pesce. Questo uccello marino individua un bersaglio anche da grandi distanze mentre sorvola l'oceano. A quel punto, le ali ripiegate all'indietro e collo e becco tesi in avanti, si lancia come un caccia in picchiata. Entra in acqua, cattura la sua vittima e riaffiora pochi secondi dopo.

▲ Quando una sula bassana si precipita in acqua, tiene lo sguardo fisso sulla preda che cerca di scappare a gran velocità.

QUIZ

1. Dove si riproducono i pinguini, sulla terraferma o in acqua?
2. Che velocità raggiunge un pinguino Papua quando nuota?
3. A che profondità si immergono normalmente i pinguini?
4. Da che altezza si tuffano le sule bassane?

Risposte
1. Sulla terraferma 2. 36 km/h
3. A una media di circa 50 metri
4. Da 30 metri

Che spettacolo!

118 **All'inizio della stagione riproduttiva gli uccelli maschi fanno di tutto per attirare le femmine,** alcuni sfoggiando le penne, altri lanciandosi in spettacolari esibizioni. Il pavone maschio ha le penne della coda colorate, e quando le femmine si avvicinano, le apre a ventaglio mettendo in mostra gli splendidi e caratteristici "occhi" e scuotendole per catturare la loro attenzione.

▲ Un pavone maschio fa la ruota con le sue incredibili penne. Le femmine tendono a scegliere i maschi con la coda più grande e le piume dai colori più sgargianti.

119 **L'usignolo maschio intona un canto melodioso per richiamare le femmine.** Il corteggiamento è il motivo principale del canto, ma possono cantare anche in altre occasioni dell'anno. La femmina sceglie un maschio per il canto, più che per il suo aspetto.

120 **L'uccello giardiniere maschio conquista una compagna costruendo il suo "pergolato", una struttura di ramoscelli** che passa molte ore a rendere più attraente possibile, decorandola con bacche, fiori e altri oggetti. Le femmine scelgono i maschi con i pergolati più belli. Dopo l'accoppiamento, è la femmina a fare il nido per le uova, e il pergolato non serve più.

◄ Il pavimento di questo pergolato è decorato con pietre e oggetti di plastica abbandonati da qualcuno.

◀ Con la sua esibizione, il maschio spera di guadagnarsi l'attenzione di una femmina di paradisea dell'Arciduca Rodolfo.

121 **Il maschio della paradisea dell'Arciduca Rodolfo se ne sta a testa in giù per mostrare il piumaggio.** In questa posizione, le penne della coda si allargano e lui oscilla avanti e indietro emettendo un richiamo particolare per allettare le femmine. Gli uccelli del paradiso vivono quasi tutti in Nuova Guinea. I maschi hanno colori sgargianti, mentre le femmine sono meno appariscenti.

122 **I maschi delle ghiandaie marine si esibiscono in voli speciali per far colpo sulla futura compagna.** Salgono in alto nel cielo per poi picchiare a terra tra capriole e virate, mentre la femmina osserva da un posatoio. Sono insettivori dai colori vivaci.

NON CI CREDO!

Gli svassi maggiori, uccelli acquatici, si esibiscono in coppia in una danza di corteggiamento durante la quale tengono nel becco erbe acquatiche che si offrono reciprocamente!

123 **I galletti di roccia maschi ballano per attrarre una compagna.** Tra gli uccelli dai colori più sgargianti del mondo e diffusi nella foresta pluviale sudamericana, si riuniscono in gruppi, si muovono e saltellano per impressionare le femmine con la magnificenza del loro piumaggio.

▼ Il galletto di roccia maschio si sforza in ogni modo per piacere a una femmina.

Uccelli notturni

124 Il barbagianni caccia di notte. Scova le prede con i grandi occhi sensibili alla luce fioca e all'udito che può individuare il punto da cui proviene un suono seppur lieve. Con la soffice frangia ai bordi delle piume che attenua il rumore dei battiti d'ali, cala in silenzio sulla preda.

▼ Con le sue piume pallide, il barbagianni comune è un cacciatore notturno a dir poco... spettrale.

125 Il succiacapre di Nuttall, caccia gli insetti di notte, quando in giro c'è meno concorrenza. Dorme di giorno e si sveglia al tramonto per andare in cerca di cibo. Il becco è aperto mentre vola per catturare le falene in aria.

126 Come i pipistrelli, pure il guaciaro di alcune zone del Sud America usa i suoni per orientarsi nel buio. Mentre vola, emette dei "clic"che rimbalzano sugli ostacoli nelle grotte in cui vive, per esempio le pareti, aiutandolo a muoversi. Di notte lascia le grotte per nutrirsi dei frutti delle palme.

▶ Nel mondo ci sono meno di 200 esemplari viventi di cacapò, o strigope.

127 **Il cacapò è l'unico pappagallo attivo di notte.** Di giorno dorme in una tana o sotto una roccia, e di notte esce per mangiare frutta, bacche e foglie. Non sa volare, ma con l'aiuto di becco e zampe riesce ad arrampicarsi sugli alberi. Lo si trova solo in alcune isole al largo della costa della Nuova Zelanda.

QUIZ

1. Cos'hanno di speciale le penne del barbagianni?
2. Può il volare il cacapò?
3. Dove sono posizionate le narici del kiwi?

Risposte
1. Hanno una frangia soffice ai bordi delle ali che attenua i rumori dei battiti 2. No 3. Sulla punta del becco

128 **A differenza di molti uccelli, il kiwi ha un senso dell'olfatto altamente sviluppato che gli serve per scovare il cibo di notte.** Con le narici sulla punta del lungo becco, individua vermi e altri animali nascosti. Gli basta affondare il becco nel terreno per acchiappare la sua preda.

▶ Il kiwi è incapace di volare. Animale notturno, caccia le sue prede fiutandole con il becco lungo e sottile.

Casa dolce casa

129 **Gli uccelli fanno i nidi per deporvi le uova.** L'aquila di mare testabianca, o aquila calva, con rametti e pezzi di legno costruisce un grande nido dal diametro di 2,5 metri e 3,5 di profondità. Possono ospitare parecchi individui. Sempre posizionati in alto, su un albero o una scogliera, vengono riutilizzati per anni!

▲ Un maschio di bucero bicorne, chiamato anche grande calao indiano, porta il cibo alla compagna che sta covando le uova.

130 **La femmina del bucero bicorne depone le uova... in prigione!** Trovata una cavità abbastanza grande in un albero, la femmina vi si chiude dentro bloccando l'ingresso con il fango. Lascia solo una piccola apertura. La mamma bada alle uova, mentre il maschio porta il cibo, passandoglielo attraverso lo spiraglio.

◀ Dopo la nascita, le piccole aquile di mare testabianca hanno bisogno che i genitori portino loro da mangiare per parecchi mesi.

▼ Un tessitore di Baya maschio costruisce spesso il suo nido sopra l'acqua. Può farne anche più di uno, perché può avere più di una compagna.

131 **Il tessitore di Baya maschio costruisce il nido con erba, steli e foglie,** che lega e intreccia fino a formare un nido dalla forma allungata. Appeso al ramo di un albero, il nido costituisce una casa calda e accogliente per le uova e poi per i pulcini. I predatori fanno molta fatica a raggiungerlo e a entrare.

132 **Il fagiano australiano costruisce un nido-incubatrice a temperatura controllata** con piante ricoperte di sabbia. Le piante marciscono producendo calore, così l'interno si scalda. Le uova vengono deposte di lato. Il maschio controlla le temperature con il becco. Se il nido si raffredda aggiunge sabbia, se si surriscalda fa uscire il caldo aprendo una breccia.

133 **Il cuculo femmina non costruisce alcun nido, perché preferisce deporre le sue uova nei nidi di altri uccelli!** Ne depone anche 12, ciascuno in un nido diverso. Il proprietario del nido è detto "uccello ospite". Il cuculo rimuove un uovo dal nido ospitante prima di posarne uno dei suoi, in modo che il numero rimanga invariato.

134 **La salangana fa un nido con la saliva che s'indurisce a contatto con l'aria.** Le serve come collante quando costruisce il suo nido di piume ed erba a forma di coppa.

Grandi migratori

135 L'oca del Canada trascorre l'estate in Artide e d'inverno vola verso sud. Questo viaggio, compiuto con regolarità, si chiama migrazione. D'estate l'Artide è in fiore e c'è abbondanza di cibo per le oche che allevano i loro piccoli. In autunno, quando il clima si raffredda, migrano verso sud, dove fa un po' più caldo. In questo modo trascorrono tutti i mesi dell'anno in luoghi dalle temperature più tiepide.

▶ Le oche del Canada vanno a sud prima di riprodursi.

▶ La sterna artica migra più lontano di qualsiasi altro uccello, e ogni anno vede più ore di luce di qualunque altra creatura vivente.

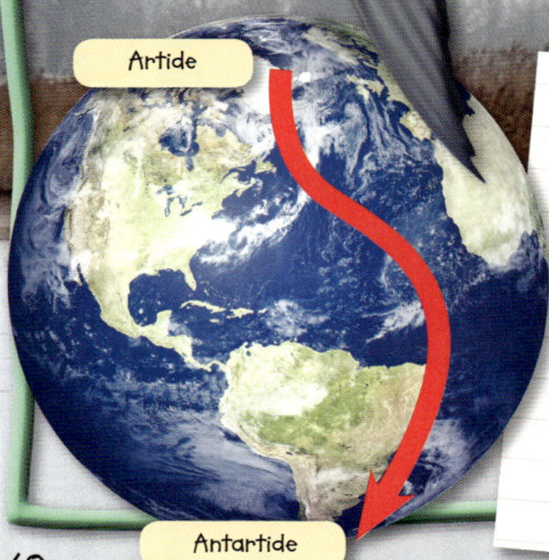

136 Tra gli uccelli, è la sterna artica a percorrere le distanze maggiori in assoluto. Si riproduce in Artide durante la stagione estiva dell'emisfero settentrionale. Con l'avvicinarsi dell'inverno, parte per il suo lungo viaggio verso l'Antartide, che dista circa 15.000 chilometri, per trascorrervi l'estate australe. La sterna vanta il primato del maggior numero di ore di sole godute fra i suoi simili durante l'anno.

▼ Alcuni stormi di oche canadesi compiono viaggi di anche 1500 chilometri.

137 Gli uccelli migratori hanno dei punti di riferimento su cui si basano per orientarsi, come la posizione del sole al tramonto e perfino il campo magnetico terrestre.

▲ Il piviere dorato minore, o piviere dorato americano, compie uno dei viaggi più lunghi rispetto agli altri animali.

138 Ogni autunno il piviere dorato minore vola dall'America del nord a quella del sud percorrendo 12.800 chilometri. Si riproduce nella tundra nordamericana, dove si ciba degli insetti che volano nella breve estate artica. Al termine della stagione calda si dirige verso le praterie dell'America del sud per l'inverno. In questo modo riesce ad avere tutto l'anno cibo in abbondanza.

Uccelli del deserto

139 **Il gufo elfo si prepara il nido nella cavità di un cactus nel deserto.** Questa casa puntuta e scomoda gli serve per tenere al sicuro le uova dai predatori, che non hanno voglia di ingaggiare una battaglia... con le spine!

▶ Il gufo elfo, o elfo dei cactus, con i suoi appena 14 centimetri di lunghezza è uno dei gufi più piccoli del mondo. Lo si può trovare nelle zone desertiche sud-occidentali degli Stati Uniti.

NON CI CREDO!

L'avvoltoio barbuto, o gipeto, fa cadere le ossa sulle rocce per frantumarle, così può mangiare il midollo morbido e le schegge. Gli acidi nel suo stomaco, infatti, sono in grado di digerire perfino le ossa!

140 **Gli uccelli del deserto percorrono lunghe distanze per trovare dell'acqua,** cosa che per i pulcini non sempre è fattibile. Per risolvere il problema, il maschio delle grandule ha delle piume sul petto che si comportano come spugne: trattengono l'acqua. Con le piume imbevute, il papà ritorna dai suoi piccoli, che possono così dissetarsi.

◀ Le grandule sono diffuse un po' ovunque in Asia, spesso in zone semidesertiche.

◀ Lo scricciolo dei cactus ha di rado bisogno di bere. Trae dal cibo la quantità di liquidi che gli serve.

141 **Molti uccelli del deserto hanno piume chiarissime, di un color crema-sabbia che si confondono con l'ambiente circostante.** Il corrione biondo abita i deserti africani e asiatici. Va in cerca di animali a terra, visto che quando vola il disegno bianco e nero sul lato inferiore delle sue ali lo rende facile da individuare per i predatori.

142 **L'avvoltoio orecchiuto fruga tra i rifiuti in cerca di cibo.** Si libra in volo sui deserti dell'Africa e del Medio Oriente alla ricerca di animali morti, e con il forte becco uncinato attacca le carcasse. La testa e il collo sono nudi, così non deve pulirsi le piume dopo aver banchettato sulle carogne.

143 **Lo scricciolo dei cactus mangia bacche e i frutti dei cactus.** Questo uccellino saltella tra le spine dei cactus in cerca di succosi bocconcini, ma si nutre anche di insetti, piccole lucertole e rane. Vive negli Stati Uniti sud-occidentali.

▼ L'avvoltoio orecchiuto è il più grande avvoltoio africano. È abbastanza forte da respingere altri uccelli e persino mammiferi come gli sciacalli. Con il grosso becco è in grado di lacerare pelle e muscoli.

Protetti e al sicuro

144 Secondo le urie, maggiore è il loro numero, più sono al sicuro. Vivono a migliaia, tutte insieme, su scogliere e rocce. Non costruiscono nidi perché depongono le uova direttamente sulla roccia o sulla nuda terra. Molti predatori di terra non riescono a raggiungerli lassù, e quelli volanti vengono presto cacciati via da un'enorme massa di volatili che stride e becca.

▼ Una grande colonia riproduttiva di urie occupa praticamente ogni minimo spazio libero su una scogliera.

145 L'uovo di uria ha un'estremità più appuntita dell'altra. In questo modo un uovo, se viene urtato, ruota su se stesso ma non cade giù dalla scogliera.

◀ Il podargo strigoide riesce a mimetizzarsi bene, nonostante sia un uccello piuttosto grande, che cresce in lunghezza anche 50 centimetri.

146 Gli uccelli ricorrono a degli stratagemmi intelligenti per nascondersi dai predatori. Il podargo strigoide è un uccello australiano che caccia di notte. Durante il giorno riposa sugli alberi, dove le sue piume brunastre e screziate si notano poco. Se avverte un pericolo, si allunga puntando il becco verso l'alto, così da assomigliare a un ramo rotto o a un tronco d'albero.

147 Se un predatore si avvicina troppo al suo pulcino, la femmina del corriere americano lo devia con un trucco astuto. Si allontana dal nido, che è costruito al suolo, assicurandosi che il predatore l'abbia notata. A quel punto inizia a trascinare un'ala come fosse ferita, cosa che la renderebbe una facile preda. Quando ritiene di aver allontanato a sufficienza il nemico, scappa via spiccando il volo.

▶ Una femmina di corriere americano fa finta di avere un'ala ferita per tenere i predatori lontani dal suo nido.

Uova davvero bizzarre

148 L'uovo di un uccello protegge il pulcino che cresce al suo interno. Il tuorlo fornisce nutrimento al pulcino, e l'albume, oltre ad avere anch'esso funzione nutritiva, serve come riserva d'acqua, per ammortizzare gli urti e per tenerlo al caldo. Il duro guscio funge da protezione ed è poroso, consentendo all'aria di entrare e uscire, così il pulcino può respirare. I genitori covano l'uovo nel nido.

149 Il numero di uova deposte in una covata varia da 1 a oltre 20. Il termine "covata" indica la quantità di uova che un volatile depone e cova in una volta. Il numero di covate all'anno varia da uccello a uccello. La starna vanta le covate più grandi, con una media di 15-19 uova. Il pinguino imperatore depone appena un uovo all'anno.

▼ L'uovo protegge e nutre il pulcino mentre si sviluppa.

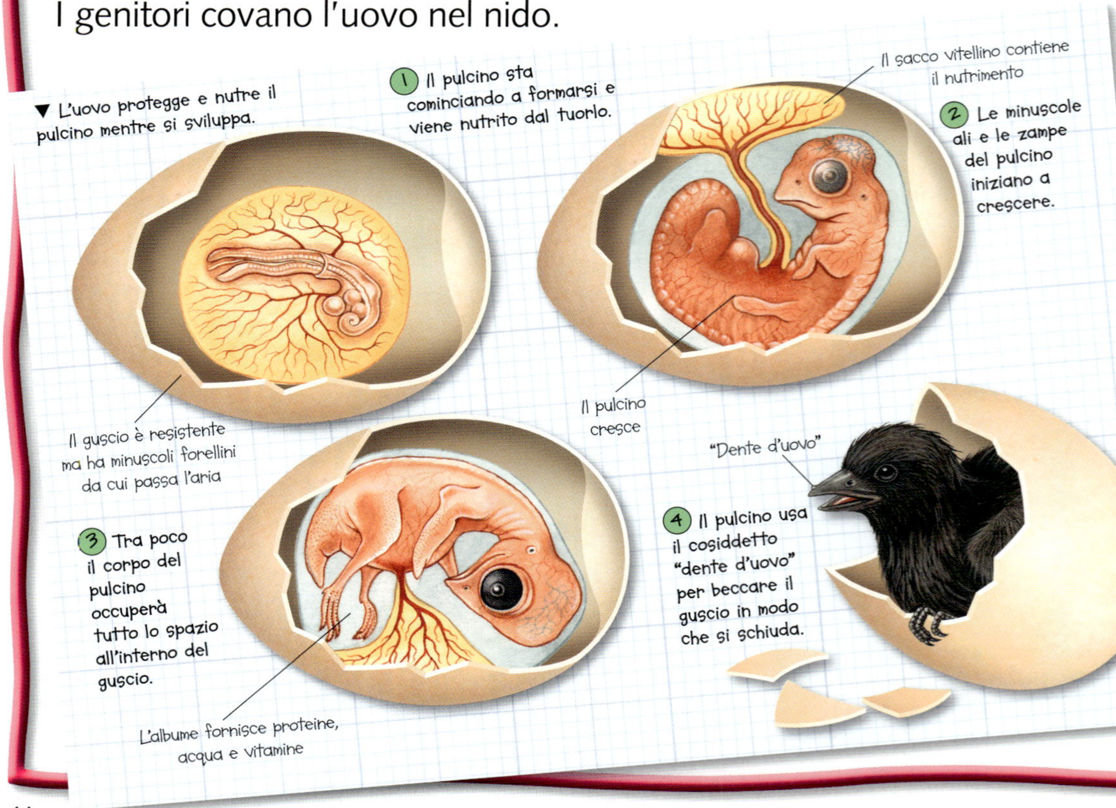

150 **L'uovo di struzzo è il più grande del mondo.** Pesa circa 1,5 chilogrammi, mentre un uovo di gallina medio pesa appena 50 grammi. Il guscio dell'uovo di struzzo è molto resistente, con uno spessore di anche 2 millimetri. Una femmina di struzzo può deporre fino a 11 enormi uova alla volta. In proporzione, però, se paragonato alle dimensioni del genitore, quest'uovo è il più piccolo.

◄ Un uovo di struzzo può misurare 16 centimetri in lunghezza.

151 **È del colibrì di Elena l'uovo più piccolo del mondo.** Quest'uovo delicato viene deposto in un nido a forma di coppa composto di ragnatele e piante. Pesa più o meno 0,3 grammi. L'uccello stesso ne pesa appena 2.

◄ L'uovo del colibrì di Elena è lungo appena 6 millimetri.

152 **Il kiwi depone un uovo che è un quarto della sua taglia** e pesa 420 grammi. Il kiwi, però, pesa solo 1,7 chilogrammi. È come se un bambino, che alla nascita pesa di solito sui 3, 5 chilogrammi, ne pesasse 17,5!

153 **Il picchio rosso maggiore cova il suo uovo soltanto per una decina di giorni,** uno dei periodi di incubazione più brevi in assoluto rispetto a qualsiasi altro uccello. Il più lungo è quello dell'albatro urlatore, che cova le sue uova fino a 82 giorni.

QUIZ

1. Quale parte dell'uovo protegge il pulcino dai colpi?
2. Quante uova depone in un anno il pinguino imperatore?
3. Quanto pesa l'uovo del colibrì di Elena?
4. Quanto a lungo cova le sue uova l'albatro urlatore?

Risposte
1. Il bianco dell'uovo (albume)
2. Uno solo 3. 0,3 grammi
4. Fino a 82 giorni

► Una femmina di picchio rosso maggiore nutre il suo piccolo affamato con un bruco. Una volta nato, il pulcino ha bisogno di nutrirsi in abbondanza.

Predatori e spazzini

154 L'aquila reale è un cacciatore tra i più feroci. Ha una vista particolarmente acuta e riesce a vedere degli oggetti da una distanza molto maggiore rispetto agli umani. Quando individua una preda, scende in picchiata e l'afferra con i potenti artigli, quindi strappa via la carne con il forte becco adunco.

155 L'aquila di mare si nutre del pesce che cattura dalla superficie dell'acqua. Sorvola l'oceano, e quando vede un pesce si lancia giù, lo ghermisce con gli artigli affilati e vola su una roccia o una scogliera per cibarsene. Sulle piante dei piedi ha come delle punte che l'aiutano a non farsi scappare la preda scivolosa.

NON CI CREDO!

Alle aquile piace fare il nido in alto. Una coppia di aquile di mare ne ha costruito uno in cima a un alto faro per naviganti sulle coste della Norvegia.

Gli artigli uncinati dell'aquila sono pronti a catturare la vittima

◀ L'aquila reale può librarsi in aria per ore quando va a caccia di prede come conigli e altri uccelli

156 Il corvo è tra gli uccelli canori più grandi e intelligenti, non solo un formidabile cacciatore. Lungo 63 centimetri, ha un becco forte. Vola, ma può anche correre veloce. Ratti e topi sono le sue prede preferite, ma cattura con altrettanta facilità animali delle dimensioni di un coniglio. I corvi sono anche spazzini: se c'è crisi mangiano anche carogne.

▶ I corvi ricordano le cornacchie, ma i loro becchi sono più grandi e più forti.

La cura dei piccoli

157 I pinguini imperatore hanno le peggiori condizioni di riproduzione di qualsiasi altro uccello. Depongono le uova e allevano i loro piccoli sui ghiacci antartici. La femmina depone un uovo all'inizio dell'inverno boreale, poi ritorna in mare. È il compagno a covare l'uovo sopra i suoi piedi, coprendolo con una piega della pelle per tenerlo al caldo.

▶ Quando il pulcino si schiude, la mamma del pinguino imperatore se ne va a caccia in mare aperto per un paio di mesi, e per tutto questo tempo il maschio, malgrado abbia fame, mantiene in equilibrio sui suoi piedi il piccolo, proteggendolo dal terreno ghiacciato.

158 Tutti i tipi di falco accudiscono i piccoli e portano loro da mangiare per varie settimane. I pulcini nascono ciechi e indifesi, e dipendono interamente dai genitori per quanto riguarda cibo e protezione finché non sono grandi abbastanza per cacciare da soli.

▼ I genitori del falco pellegrino di solito si prendono cura di due-quattro pulcini alla volta.

159 I piccioni nutrono i piccoli con il "latte di piccione", un liquido speciale secreto dal rivestimento di una parte della gola dell'uccello, il gozzo. I neonati lo ricevono i primi giorni e solo dopo iniziano a mangiare semi e altro cibo solido.

160 **Alcuni uccelli, come anatre e oche, sono in grado di muoversi appena le uova si schiudono.** Gli anatroccoli seguono la prima cosa che vedono muoversi, di solito la mamma. Questa singolare forma di apprendimento è definita imprinting e può avvenire solo nelle prime ore di vita di un animale. Serve a garantire che i piccoli non si allontanino dalla madre.

▼ Questi pulcini di germano reale hanno una maggiore possibilità di sopravvivenza rimanendo vicino alla mamma.

161 **I giovani uccelli devono imparare a cantare dagli adulti.** Un fringuello nasce sapendo produrre qualche verso, ma deve imparare il canto ascoltando i genitori e facendo pratica, proprio come un bambino impara dagli adulti a parlare.

162 **Mentre nuotano, i cigni trasportano i piccoli sul dorso.** Ciò consente al genitore di muoversi con una certa velocità senza doverli aspettare. E poi lassù sì che sono al sicuro dai predatori.

▼ Una femmina di cigno reale con i suoi pulcini. I genitori fanno i turni per badare ai piccoli.

Gli uccelli della giungla

163 **Gli uccelli del paradiso sono tra i più colorati della foresta pluviale.** I maschi hanno piumaggio sgargiante e penne decorative. Se ne contano circa 42 tipi diversi, distribuiti nelle foreste di Nuova Guinea e Australia nord-orientale. La frutta è la principale fonte di cibo, ma alcuni si nutrono anche di insetti.

164 **L'ara scarlatta è uno dei pappagalli più grandi del mondo.** È formidabile con i suoi 85 centimetri di lunghezza dalla testa all'incredibile coda. Diffuso nella foresta pluviale sudamericana, vola tra gli alberi in grandi stormi emettendo suoni rauchi, squittii e grida e nutrendosi di frutti e foglie.

◄ I pappagalli, come l'ara scarlatta, hanno becchi adunchi che usano con grande precisione per rompere noci, spezzare semi e cogliere frutti.

165 **Il gallo di Sonnerat è considerato l'antenato selvatico del pollo da cortile.** Questo uccello colorato vive nel foreste pluviali del sud-est asiatico, dove si nutre di semi e insetti.

► L'hoatzin vive in piccoli gruppi in cui si condivide la cura dei pulcini.

166 L'hoatzin costruisce il nido a strapiombo sull'acqua. Se i pulcini si sentono minacciati, scappano dai predatori buttandosi in acqua e nuotando al sicuro. Questo strano uccello dalla cresta spettinata vive nella foresta pluviale amazzonica.

167 Il pavone del Congo è stato scoperto solo nel 1936. Vive nella fitta foresta pluviale dell'Africa occidentale ed è raro riuscire ad avvistarlo. Il maschio ha un piumaggio splendido dai toni brillanti che variano dal verde al blu-violetto e al rosso, mentre la femmina è marroncino-verde.

▼ L'arpia se ne sta appollaiata sui rami più alti da dove riesce ad avere una buona panoramica sulla foresta sottostante.

168 L'arpia, con i suoi 90 centimetri di lunghezza e gli artigli lunghi e affilati, è l'aquila più grande del mondo. Caccia gli animali della foresta pluviale come scimmie e bradipi.

◄ I quetzal possono rimanere appollaiati senza muovere un solo muscolo, motivo per cui è difficile avvistarli nella foresta pluviale.

169 Il maschio del quetzal splendente ha penne della coda stupende, lunghe oltre 90 centimetri. Questo magnifico volatile abita le foreste pluviali del Messico e dell'America del Sud. Un tempo era adorato come un uccello sacro da antichi popoli come i Maya e gli Aztechi.

Uccelli incapaci di volare

▲ L'emù corre molto veloce, ma per un tempo limitato. È preda di cani selvatici, aquile e coccodrilli.

170 L'emù, il veloce corridore, è il più grande uccello originario dell'Australia. Non è in grado di volare, come lo struzzo, ma nella corsa sfiora i 50 chilometri all'ora. La velocità è fondamentale per gli uccelli incapaci di volare, altrimenti non riuscirebbero a sfuggire ai predatori. Sono per questo dotati di zampe lunghe e muscolose e, se spaventati, struzzi ed emù possono anche sferrare forti calci.

171 Le dimensioni di un uovo di nandù equivalgono a circa 12 uova di gallina. Per questo è stato a lungo considerato la base per ghiotti banchetti per la gente locale.

▶ Lo struzzo è il corridore a due zampe più veloce del mondo. Con piedi che si sono perfettamente adattati alla corsa, raggiunge i 70 chilometri all'ora.

Non solo abili nuotatori! I pinguini camminano ondeggiando, corrono e saltano pure

Per rimanere al sicuro, I kiwi si affidano all'oscurità, non alla velocità

I corridori della strada a volte sfiorano i 32 chilometri all'ora e riescono persino a volare un pochino

▲ Oggi nel mondo sono una quarantina i diversi tipi di uccelli che, incapaci di volare, escogitano i trucchi più disparati e astuti per stare protetti.

172 **Il veloce nandù abita le pianure erbose dell'America del Sud.** Durante la stagione riproduttiva, quando cerca di conquistare un gruppo di femmine, il maschio diventa aggressivo. Ma una volta radunato il suo branco, è lui a scavare un nido nel terreno dove le femmine depongono le uova. È il papà a prendersene cura e a badare anche ai piccoli fino al compimento dei sei mesi circa.

▲ Il nandù riesce a correre più veloce di un cavallo, sfiorando la velocità di 50 chilometri all'ora.

173 **I casuari sono uccelli incapaci di volare che vivono nelle foreste pluviali dell'Australia e della Nuova Guinea.** Ne esistono di tre specie, ma sono tutti volatili grossi, con zampe lunghe e forti e grandi piedi dotati di artigli affilati. Sulla testa hanno l'elmo, una cresta cornea molto pronunciata. Gli esperti non ne conoscono la funzione, forse serve al casuario a produrre, e a sentire, suoni bassi e risonanti nella fitta vegetazione.

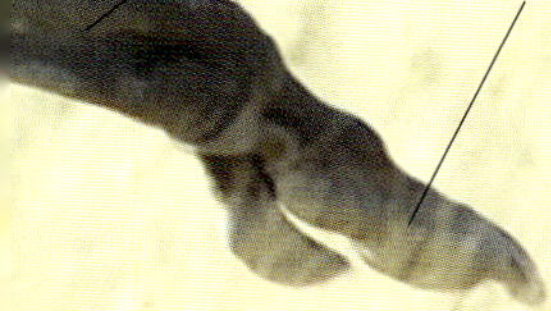

Uccelli d'acqua dolce

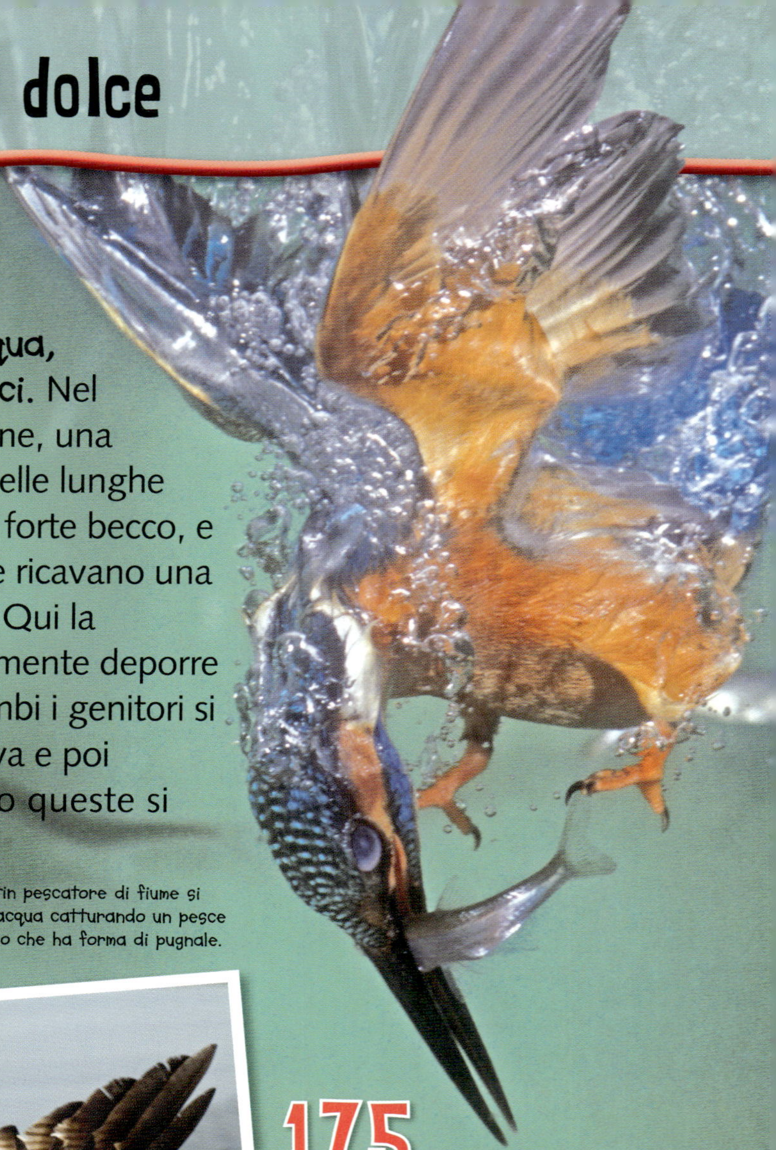

174 **I martin pescatore vivono nei pressi dei corsi d'acqua, dove catturano i pesci.** Nel periodo della riproduzione, una coppia di uccelli scava delle lunghe gallerie sulle sponde col forte becco, e alla fine di una di queste ricavano una camera di nidificazione. Qui la femmina può tranquillamente deporre anche otto uova. Entrambi i genitori si prendono cura delle uova e poi nutrono i pulcini quando queste si schiudono.

▶ Un martin pescatore di fiume si tuffa nell'acqua catturando un pesce con il becco che ha forma di pugnale.

▼ Mentre scendono in acqua in picchiata, i falchi pescatori non perdono di vista la loro preda neanche per un istante.

175 **Il falco pescatore è un rapace che si nutre prevalentemente di pesce.** Questo uccello è diffuso un po' ovunque nel mondo in prossimità di fiumi e laghi. Individuata dal cielo la preda, si tuffa in acqua con le zampe protese in avanti. Uno speciale artiglio sulle piante dei piedi facilita la presa sul pesce per non farlo scivolare via.

176 Il pellicano raccoglie i pesci nella grande sacca gulare. Se il pellicano immerge il becco, la sacca elastica si riempie d'acqua e di pesci, e quando poi lo solleva, l'acqua fuoriesce dalla tasca elastica, che però trattiene il cibo come un retino.

▲ L'enorme sacca di un pellicano funziona come una rete da pesca che intrappola la preda.

177 Le jacane camminano sull'acqua, ma sanno pure nuotare e tuffarsi. Il peso del corpo si distribuisce grazie alla conformazione delle dita incredibilmente lunghe, che consentono a questo volatile di muoversi sulla vegetazione galleggiante mentre caccia insetti o altro cibo. Si conoscono otto diversi tipi di jacana.

178 L'airone cattura pesci, insetti, rane e altri animali. Con le lunghe zampe rimane ritto sulla riva o in acque poco profonde e cattura la sua preda dando rapidi colpetti col becco affilato.

179 Il merlo acquaiolo è un uccellino che si è adattato bene alla vita nei pressi dei fiumi. Di solito abita lungo corsi d'acqua a scorrimento rapido e infatti nuota e si tuffa bene. Può però anche camminare sul fondo del fiume, catturando prede come insetti e altri piccoli animali. Si conoscono cinque diversi tipi di questo merlo, tra America, Asia ed Europa.

▶ La jacana africana si nutre degli insetti che trova tra la lattuga acquatica sulla testa di questo ippopotamo.

Cibo cercasi

180 A caccia di insetti, il picchio perfora i tronchi degli alberi con il becco robusto, stando aggrappato al tronco con le forti zampette e gli artigli affilati. In questa posizione, le penne della coda, dritte e rigide, forniscono al picchio un buon supporto su cui appoggiarsi. È veloce nel catturare gli insetti xilofagi che vivono sotto la corteccia e che vengono disturbati dal picchiettio.

181 Per il cibo gli indicatoridi si fanno aiutare dal tasso del miele. Diffusi in alcune zone di Africa e Asia, questi uccelli si nutrono di larve di api e di miele. Non essendo abbastanza forti per fare irruzione negli alveari, emettono un richiamo che attira il tasso del miele, il quale assalta il nido e fa fuggire le api. Ora sì gli indicatoridi possono mangiare a sazietà!

◀ I picchi usano il becco anche per nidificare nei buchi dei tronchi, come questo picchio della Carolina.

▲ I mangiaformiche ocellati hanno un "dente" sulla punta del becco che serve loro per schiacciare gli insetti.

182 Un mangiaformiche immacolato segue le formiche legionarie che attraversano la foresta marciando. Le precede di poco in volo e si posa su un ramo basso per poi avventarsi su insetti, ragni e altri piccoli animali che tentano di sfuggire alla colonna di formiche. Malgrado il nome, mangiano di rado anche le legionarie. Sono volatili diffusi in America del Nord e del Sud.

183 Il colibrì ha bisogno di molto nettare per avere le energie sufficienti per sopravvivere. Se un essere umano dovesse lavorare quanto un colibrì, dovrebbe mangiare tre volte il suo peso in patate tutti i giorni.

184 Il colibrì si nutre di nettare di fiori, che è un liquido zuccherino prodotto dai fiori per attirare gli insetti impollinatori. A volte gli uccelli faticano ad arrivare al nettare, ma il colibrì è in grado di rimanere fermo in volo davanti al fiore mentre lo succhia con la lingua lunga simile a una cannuccia.

▲ Fiori colorati e dolci profumi attirano chi si ciba di nettare, come i colibrì.

Volatili invernali

185 Artide e Antartide sono i luoghi più freddi di tutta la Terra. L'Artide si trova nel punto più settentrionale del pianeta, l'Antartide all'estremo Sud. Il gufo delle nevi è uno dei più grandi uccelli dell'Artide, le cui piume candide gli servono per mimetizzarsi nella neve.

Barre e macchie scure sulle piume aiutano la femmina a nascondersi mentre costruisce il nido tra le rocce innevate

186 I pinguini hanno uno spesso strato di grasso proprio sotto la pelle che li protegge dal freddo. Le piume, poi, impermeabili e molto fitte, contribuiscono a non disperdere calore. I pinguini vivono prevalentemente in Antartide, ma se ne trovano anche in alcune parti dell'Australia, dell'Africa e dell'America meridionale.

► Il gufo delle nevi tende imboscate, avvicinandosi alla preda con battiti d'ala che non fanno praticamente alcun rumore.

187 D'inverno la pernice bianca ha piume candide che l'aiutano a nascondersi dai predatori tra le nevi artiche. D'estate, invece, le piume bianche, che la renderebbero molto facile da individuare, assumono una colorazione grigio-marrone.

Piumaggio invernale

Piumaggio estivo

◄ Le pernici bianche hanno corporatura tozza e trascorrono molto tempo a terra in cerca di fiori, frutti e rametti di cui cibarsi.

▲ I cigni minori accudiscono i pulcini nel corso del loro primo inverno e a volte anche in quello successivo.

188 Il cigno minore depone le uova e alleva i suoi piccoli nella tundra artica. La femmina costruisce il nido a terra e le sue covate contano fino a cinque uova. Entrambi i genitori si prendono cura dei pulcini. In autunno la famiglia migra verso sud, in luoghi più caldi.

189 I chioni bianchi sono spazzini e mangiano praticamente tutto ciò che trovano. Questi grandi uccelli candidi vivono sulle isolette subantartiche catturando pesci, ma perlustrando anche le spiagge alla ricerca di animali morti. Rubano inoltre i cuccioli più deboli o moribondi delle foche e dei pinguini.

▼ Un chione bianco è pronto a rubare il cibo a un pinguino Papua mentre è intento a nutrire il suo piccolo.

190 Lo zigolo delle nevi si riproduce sulle isole artiche, più a nord di qualsiasi altro uccello. La femmina costruisce il nido con erba, muschi e licheni. Depone tra le quattro e le otto uova e i genitori collaborano nella cura dei piccoli.

I gufi delle nevi hanno un'apertura alare di circa 130 centimetri

QUIZ

1. Quale delle due è situata nell'estremo Sud del pianeta, l'Artide o l'Antartide?
2. Perché i pinguini hanno uno strato di grasso sotto la pelle?
3. Dove depongono le loro uova i cigni minori?

Risposte
1. L'Antartide
2. Il grasso li protegge dal freddo
3. Nella tundra artica

Becchi speciali

191 Il nibbio delle Everglades è ghiotto di chiocciole e il suo becco ricurvo è sagomato perfettamente per questa dieta. Quando ne cattura una, la tiene con un piede mentre, ritto su un ramo o un altro posatoio, ne colpisce il corpo con il becco affilato per scrollare via il guscio.

▲ Il nibbio delle Everglades, un tipo di falco che vive nella zona meridionale degli Stati Uniti, nei Caraibi e in America del sud, è ormai un animale raro.

NON CI CREDO!

Le zampe del fenicottero sembrano... piegarsi all'indietro. Non solo, quelle che si direbbero le ginocchia, sono invece le sue caviglie!

192 La metà inferiore del becco dell'uccello chiamato becco a cesoie è più lunga di quella superiore. Vola appena sopra il pelo dell'acqua con la parte inferiore del becco sommersa. Appena si imbatte in un pesce, fa scattare la parte superiore verso il basso, intrappolando così la preda.

193 Il crociere ha un becco davvero fuori del comune, che si incrocia sulla punta. L'uccello lo usa per aprire e divaricare le scaglie delle pigne ed estrarne i semi, cioè i pinoli, di cui si nutre.

◀ Il maschio del crociere comune è rosso. La femmina di solito ha una colorazione verde oliva o verde-giallastra, sebbene abbiano entrambi coda e ali marrone scuro.

▶ Lungo il bordo del becco di un fenicottero sono presenti numerose lamelle cornee che funzionano come un setaccio e servono per intrappolare il cibo di cui questo volatile si nutre.

194 Il fenicottero usa il becco per filtrare il cibo da acque poco profonde. Se ne sta in piedi nell'acqua con la testa abbassata e il becco sotto la superficie. L'acqua che entra è spinta fuori dalla grossa lingua, mentre animaletti e piccole piante, che rimangono intrappolati, vengono inghiottiti.

▼ Questa femmina di beccostorto usa il becco per arrivare ai giovani insetti che si nascondono sotto i sassi.

195 Il beccostorto è l'unico uccello con il becco che curva verso destra. È un tipo di piviere che popola le coste della Nuova Zelanda. Raccoglie gli insetti muovendo il becco in tondo sul terreno.

196 Il becco del tucano toco, lungo circa 19 centimetri, gli serve per arrivare alla frutta e alle bacche alle estremità più lontane dei rami. Tutti i tucani hanno grandi becchi variopinti e vistosi. I colori sgargianti servono per attirare le femmine nella stagione degli amori.

▲ Oltre che per mangiare la frutta, gli scienziati ritengono che il grosso becco serva al tucano anche per disperdere il calore quando la temperatura corporea si alza eccessivamente.

RETTILI E ANFIBI

197 Rettili e anfibi sono animali a sangue freddo, il che significa che hanno bisogno del calore del sole per scaldarsi. I rettili trascorrono gran parte del loro tempo sulla terraferma, mentre quasi tutti gli anfibi vivono in acqua o nelle sue vicinanze.

▶ La pelle degli anfibi è liscia e umida. La maggior parte degli anfibi, come questa rana, ha zampe posteriori lunghe, ideali per saltare.

◀ I rettili, come questa lucertola, hanno pelle secca e squamosa e sono animali spesso colorati. Non tutti i rettili hanno le zampe, ma se le hanno, sono posizionate ai lati del corpo.

Squame e muco

198 **Rettili e anfibi si possono suddividere in gruppi più piccoli.** Ci sono quattro tipi di rettili, cioè: serpenti, lucertole e anfisbene; la famiglia dei coccodrilli; tartarughe e testuggini; i tuatara. Gli anfibi comprendono invece rane e rospi, tritoni, salamandre e cecilie.

199 **I rettili trascorrono molte ore al sole!** Solo crogiolandosi al sole riescono infatti ad accumulare il calore che serve loro per muoversi. Quando fa freddo, di notte o durante la stagione invernale, i rettili entrano in uno stato di sonno profondo chiamato ibernazione.

▶ Le lucertole dal collare possono crogiolarsi al sole per molte ore.

200 **La maggior parte dei rettili ha la pelle secca, squamosa, impermeabile,** che impedisce al corpo di disidratarsi. Le squame sono di cheratina, come le unghie degli esseri umani, e a volte formano placche spesse e resistenti.

La famiglia dei rettili

Oltre la metà di tutti i rettili sono **lucertole.** Ne esistono quasi 5000 specie.

Le **ansfibene,** o lucertole verme, sono rettili scavatori che vivono sottoterra.

I **tuatara** sono rari, antichi e insoliti rettili endemici della Nuova Zelanda.

I **serpenti** sono il secondo gruppo più grande dei rettili.

Coccodrilli, alligatori, gaviali e **caimani** sono predatori dai denti affilati.

Tartarughe e **testuggini** hanno gusci duri che li proteggono dai predatori.

La famiglia degli anfibi

I **tritoni** hanno corpi snelli e lunghe code.

Le **rane** hanno la pelle liscia e lunghe zampe per saltare.

I **rospi** hanno spesso una pelle verrucosa e strisciano o camminano.

Le **salamandre** hanno la coda e di solito macchie brillanti.

Le **cecile** sono animali scavatori privi di zampe.

▼ Le rane dalla pelle verde sono in grado di confondersi tra le foglie e la vegetazione d'acqua stagnante.

201 **Gli anfibi hanno la pelle umida, liscia, morbida** e, soprattutto, capace di assorbire ossigeno. Questa funzione è importante, perché gran parte degli anfibi adulti respira attraverso la pelle, non solo con i polmoni. I rettili, invece, hanno una respirazione soltanto polmonare.

QUIZ

1. Perché i rettili si crogiolano al sole?
2. Come respira la maggior parte degli anfibi?
3. Come respirano i rettili?

Risposte
1. Devono accumulare calore e scaldarsi, altrimenti non riescono a muoversi 2. Attraverso la pelle e con i polmoni 3. Con i soli polmoni

202 **La pelle degli anfibi si mantiene sempre umida grazie a speciali ghiandole situate appena sotto la superficie** che producono una sostanza appiccicosa, il muco. Molti anfibi, invece, per avere la pelle sempre umida non si allontanano mai troppo dall'acqua.

203 **Alcuni anfibi sono privi di polmoni.** Noi respiriamo attraverso i polmoni assorbendo ossigeno dall'aria ed espirando anidride carbonica. La maggior parte degli anfibi respira con pelle e polmoni; le salamandre, prive di polmoni, respirano solo attraverso la pelle e alcune membrane situate in bocca e in gola.

Alcuni animali amano il sole...

204 Gran parte dei rettili vive in habitat caldi o torridi. Molti, che si ritrovano in luoghi asciutti e roventi come i deserti e le aride praterie, conoscono alcuni trucchi ingegnosi per sopravvivere in queste dure condizioni.

▼ I diavoli spinosi sono rettili australiani. Riescono a bere la rugiada, che scorre lungo il dorso e finisce dritta... dentro la loro bocca!

205 Perfino i rettili hanno troppo caldo a volte! Se accade, si rifugiano all'ombra di una roccia o si seppelliscono nella sabbia. Alcuni sono notturni, quindi riescono a sfuggire al caldo perché escono prevalentemente di notte.

206 I rettili hanno bisogno di pochissimo cibo e acqua. Significa che riescono a sopravvivere in luoghi dove piante o animali da mangiare scarseggiano, come i deserti. La pelle spessa ha un compito importante: quello di trattenere più acqua possibile nel corpo.

207 **I rettili hanno bisogno di una certa temperatura esterna per sopravvivere.** Questo è il motivo per cui non ci sono rettili in luoghi dai climi rigidi come ai Poli né sulle cime delle montagne.

▲ La rana scavatrice *Scaphiopus holbrookii* ha piedi dotati di artigli forti con cui riesce a scavare.

208 **Non solo rettili... anche alcuni anfibi vivono dove fa molto caldo.** Ma quando è eccessivo, lo *Scaphiopus holbrookii*, che vive in Europa, Asia e America del nord, ha l'abitudine di seppellirsi nella sabbia per sfuggire alla calura e alla disidratazione.

209 **La lucertola dal muso a paletta del deserto del Namib fa strane "danze".** Se fa molto caldo, si muove sulla sabbia rovente saltando da una zampa all'altra, o si sdraia a pancia in giù con le zampe sollevate!

...altri il fresco

210 Molti anfibi popolano comunemente le parti più fresche e umide del mondo. Prediligono infatti i luoghi acquatici, e gran parte si accoppia e depone le uova in acqua.

► Le rane si sottraggono alla forte luce solare riposando sugli alberi o sotto le piante.

211 Con l'arrivo della primavera, gli anfibi escono dal loro nascondiglio. Il clima più caldo li spinge a tornare allo stagno o al ruscello in cui sono nati. Ma questo significa dover fare un lungo viaggio attraversando le città o percorrere strade trafficate.

◄ Gli osservatori faunistici aiutano i rospi comuni ad attraversare la strada per raggiungere in tutta sicurezza gli stagni dove si riproducono.

▲ Quando arriva il momento di ibernare, una rana deve trovare un luogo sicuro e umido dove sistemarsi.

NON CI CREDO!

In alcuni Paesi i cartelli stradali avvertono i conducenti di un "pericolo" insolito: quello di rane o rospi che attraversano la strada per ritornare ai loro luoghi di riproduzione.

212 Quando cambia il tempo, soprattutto se diventa più freddo, gli anfibi corrono a rifugiarsi. Ibernano nel fango sul fondo degli stagni o sotto pietre e tronchi. Significa che vanno a dormire in autunno e non si svegliano prima della primavera.

▶ Questo è un cane d'acqua, un tipo di salamandra che trascorre tutta la sua vita sott'acqua e respira con le branchie piumate.

▲ I tritoni pigmei evitano di surriscaldarsi nascondendosi sotto un pezzo di legno in decomposizione o riposando nel fango durante il giorno.

213 Per tornare ai luoghi di riproduzione percorrono anche 5 chilometri. È un lungo tratto per animali di pochi centimetri, come se un uomo camminasse per 90 chilometri... e senza mappa! Ritrovano la strada grazie a odori e punti di riferimento come il campo magnetico terrestre o la posizione del Sole.

Piccoli acquatici

214 Gli anfibi vivono sia in acqua sia sulla terra. La maggior parte nasce e cresce in stagni, laghetti, ruscelli e fiumi. Da adulti si spostano sulla terraferma, ma tornano in acqua per riprodursi.

▼ La maggior parte degli anfibi inizia la propria vita in acqua sotto forma di girini (stadio larvale). Man mano che crescono, il loro corpo cambia aspetto.

▼ La larva ha una forma del corpo diversa da quella di un anfibio adulto.

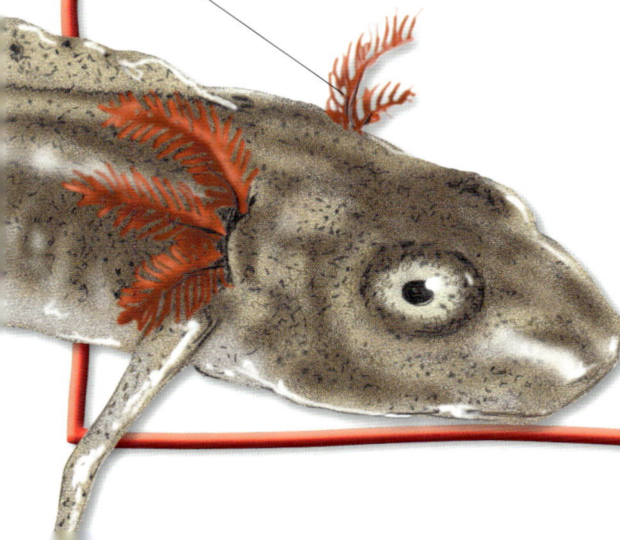

215 Quasi tutti gli anfibi mutano il loro aspetto mentre crescono, in un graduale processo che prende il nome di metamorfosi.

216 I piccoli degli anfibi vengono detti larve. I girini, per esempio, sono le larve di rane e rospi e di gran parte di tritoni e salamandre. Le larve degli anfibi sopravvivono in acqua perché respirano attraverso delle branchie piumate, che assorbono l'ossigeno dall'acqua.

▲ Un axolotl è una strana creatura che rimane girino per tutta la sua vita.

217 **L'axolotl, o assolotto, è un anfibio che non cresce mai.** Questo tipo di salamandra acquatica non si è mai evoluto oltre lo stadio larvale. È tuttavia così sviluppato da essere in grado di riprodursi.

▼ I rospi possono deporre centinaia, persino migliaia di uova alla volta.

218 **Il maschio del pipa pipa, o rospo del Suriname, è diffuso in America del sud ed è un vero acrobata.** Quando si accoppia, sott'acqua, deve attaccare sul dorso della femmina le uova, che rimarranno lì fino alla schiusa.

219 **La maggior parte degli anfibi depone uova morbide.** Queste si presentano in una stringa gelatinosa o in ammassi di minuscole uova, come nel caso di rane e rospi. I tritoni, invece, depongono uova singole.

220 **Alcuni anfibi partoriscono piccoli già formati, senza deporre uova.** Le uova della salamandra pezzata, per esempio, stanno dentro la mamma, ed è lì che si schiudono. I piccoli poi si sviluppano fino a che la femmina li partorisce già sviluppati, come adulti in miniatura.

Cuccioli di terra

221 **La maggioranza dei rettili trascorre la vita lontano dall'acqua.** È vero che alcuni passano anche del tempo in acqua, ma la gran parte depone le uova a terra.

▶ Una tartaruga liuto usa le zampe posteriori per scavare una tana nella sabbia, all'interno della quale poi depone le sue uova rotonde.

▲ I rettili depongono uova di diverse forme e dimensioni.

222 **Di solito le uova di rettile sono più resistenti di quelle degli anfibi,** perché devono sopravvivere fuori dall'acqua. Lucertole e serpenti depongono uova con gusci coriacei. Quelle di coccodrillo e tartaruga hanno guscio duro, simili alle uova degli uccelli.

223 Le uova nutrono e proteggono i piccoli che si sviluppano al loro interno. Il tuorlo fornisce nutrimento per lo sviluppo dell'embrione. Il guscio protegge il piccolo dal mondo esterno, ma consente anche che l'ossigeno passi nell'uovo.

UOVA INCREDIBILI

Le uova di rettile sono come quelle degli uccelli. La prossima volta che mangi un uovo, risciacqua mezzo guscio vuoto, riempilo d'acqua e aspetta un po'. Vedrai che l'acqua non fuoriesce! Lavati bene le mani una volta finito. Come il guscio d'uovo di gallina, quelli dei rettili impediscono che l'uovo si disidrati ma permettono che entri aria e sono resistenti tanto da proteggere l'embrione.

1. Quando è del tutto sviluppato, il piccolo usa il dente d'uovo sulla punta del muso per rompere il guscio.
2. Il serpentello fiuta l'aria con la lingua biforcuta. A volte rimane nel guscio qualche giorno.
3. Alla fine, il serpentello si srotola per uscire dall'uovo.
4. Scivola via con movimenti sinuosi: inizia la sua vita in natura!

224 I giovani rettili escono dalle uova una volta formati, simili agli adulti ma in miniatura. Non subiscono trasformazioni, o metamorfosi, come accade agli anfibi.

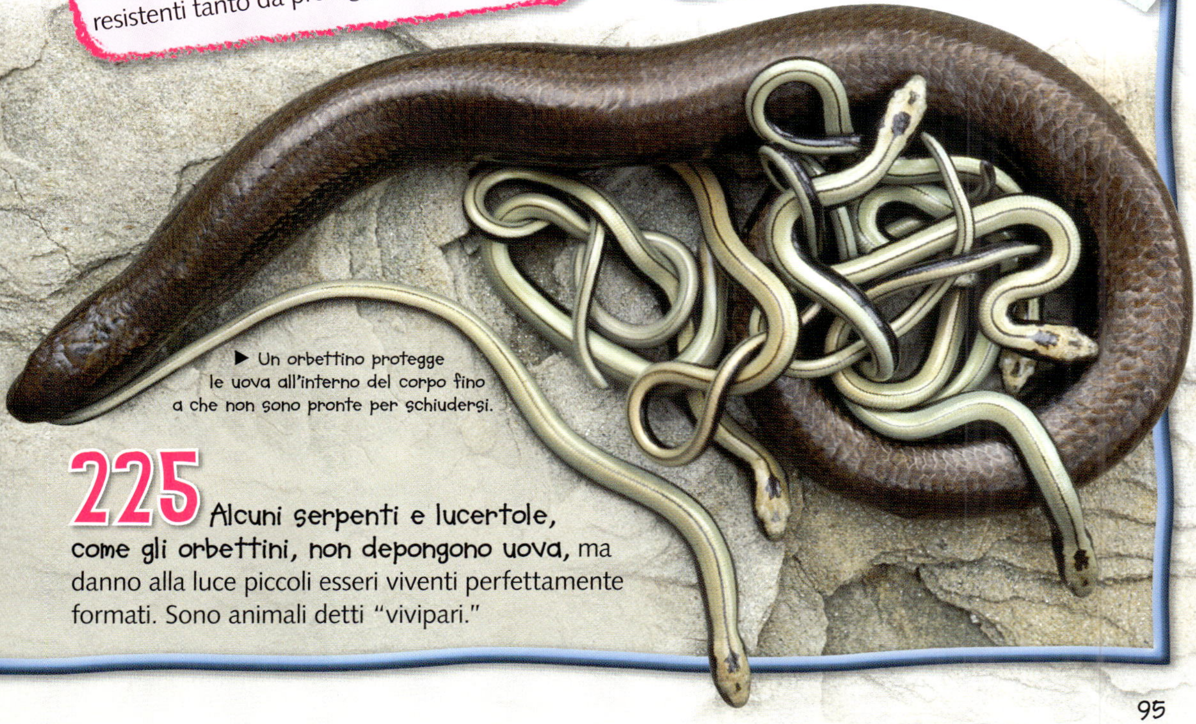

▶ Un orbettino protegge le uova all'interno del corpo fino a che non sono pronte per schiudersi.

225 Alcuni serpenti e lucertole, come gli orbettini, non depongono uova, ma danno alla luce piccoli esseri viventi perfettamente formati. Sono animali detti "vivipari."

Da piccolo a grande

226 Rettili e anfibi hanno forme e dimensioni diverse. Esistono più di 9000 specie di rettili e 7000 di anfibi. Variano dalle minuscole rane alle lucertole giganti, che ricordano dei dinosauri.

▲ La salamandra gigante cinese è spesso più pesante del suo parente giapponese. Il suo peso si attesta sui 65 chilogrammi, molto più di quello di un bambino!

227 **Il rettile più grande in assoluto è il coccodrillo marino, diffuso nelle acque degli oceani Indiano e Pacifico occidentale.** Da naso a coda può toccare l'incredibile lunghezza di 7 metri... un essere umano adulto di medie dimensioni non arriva nemmeno a 2 metri di altezza! I freschi torrenti giapponesi ospitano invece gli anfibi più grandi in assoluto: le salamandre giganti. Lunghe circa 1,5 metri, pesano fino a 40 chilogrammi.

QUIZ

1. Come sono chiamati i coccodrilli marini in Australia?
2. Indica due Paesi dove vivono le salamandre giganti.
3. Quanto è lungo il più piccolo dei rettili scoperto finora?

Risposte
1. Salty 2. Giappone e Cina
3. 16 millimetri

▼ La maggior parte dei coccodrilli marini raggiunge lunghezze di anche 5 metri e sfiora la tonnellata di peso. In Australia questo animale è soprannominato "Salty", da *Saltwater*, che in inglese significa acqua salata.

228 **I rettili più piccoli del mondo sono i gechi nani.** Il più piccolo scoperto finora misurava appena 16 millimetri. Tra gli anfibi più piccoli, va menzionata la rana goccia d'oro, endemica del Brasile. Il suo corpo è lungo appena 9,8 millimetri, infatti sta sull'unghia del tuo pollice!

▶ La raganella europea, o comune, non supera i 50 millimetri di lunghezza.

▼ La femmina di un camaleonte pigmeo arriva appena a 34 millimetri, e il maschio è ancora più piccolo!

Animali adattabili

229 Molti rettili e anfibi si sono adattati con degli accorgimenti evolutivi che li aiutano a sopravvivere meglio e più protetti nel loro ambiente. I coccodrilli, per esempio, hanno sviluppato uno speciale strato di pelle in gola che impedisce all'acqua di entrare nelle narici. Possono quindi aprire la bocca sott'acqua senza che finisca in gola.

230 I gechi possono arrampicarsi su per pareti verticali anche lisce o stare a testa in giù senza scivolare. Rimangono attaccati grazie alle cinque larghe dita dei piedi, tutte dotate di cuscinetti appiccicosi costellati a loro volta da milioni di minuscoli peli che aderiscono saldamente alle superfici.

◄ Tra i gechi, i gechi tokay sono i più grandi in assoluto. Crescono fino a una lunghezza di 35 centimetri. Sulla pelle grigio-azzurra hanno piccole macchie dai colori vivaci.

231 Tartarughe e testuggini hanno gusci duri e ossei, una vera e propria corazza che li protegge dai predatori, oltre che dal calore del sole.

PER SAPERNE DI PIÙ

Scegli il rettile o l'anfibio che più ti incuriosisce e scopri quanto più riesci su di lui. Fai l'elenco di tutti i modi in cui pensi che sia adattato particolarmente bene al suo habitat e al suo stile di vita.

▶ I camaleonti colorati presentano spesso una fila di spine dorsali che contribuiscono a dare loro un aspetto minaccioso.

232 **I camaleonti si sono adattati perfettamente alla vita sugli alberi.** Hanno lunghe dita che garantiscono una salda presa e una lunga coda con cui riescono ad aggrapparsi come fosse un'altra mano, e per questo sono definite "prensili". I camaleonti sono noti anche per la capacità di cambiare il proprio colore in modo da camuffarsi con l'ambiente circostante. In questo caso di parla di mimetismo, che è una caratteristica anche di molti altri rettili e anfibi.

233 **Le code piatte rendono i tritoni nuotatori formidabili.** I tritoni sono salamandre che trascorrono gran parte della loro vita in acqua, perciò sanno muoversi rapidamente in tale ambiente.

▼ Il tritone punteggiato, noto anche come tritone comune, ha una coda piatta, simile a una pagaia, che infatti lo aiuta a nuotare veloce quando insegue una preda.

234 **Alcuni anfibi usano le branchie per respirare sott'acqua.** Il sangue scorre nelle branchie piumate mentre l'acqua scorre all'esterno. Quando l'acqua attraversa le branchie, l'ossigeno che c'è nell'acqua arriva direttamente al sangue.

Spettacoli naturali

235 Ci sono rettili e anfibi che amano dare spettacolo. Alcune esibizioni servono per attirare le femmine nel periodo riproduttivo. Ma fungono anche da deterrente: i nemici ci pensano bene prima di attaccarli!

◀ I cobra sono serpenti in grado di assumere un aspetto più minaccioso formando il caratteristico ampio "cappuccio" di pelle morbida, che si tende quando allargano le costole mobili.

▶ Il maschio del tritone crestato sembra avere un colore spento e scuro... finché non mostra il suo ventre colorato.

236 I tritoni maschi fanno di tutto per far colpo sulle femmine. I tritoni crestati esibiscono la cresta dorsale alta e dentellata, macchie nere sulla pelle e il ventre rosso-arancio.

237 Questo anolide della Carolina maschio, che vive in America centrale e settentrionale, difende il territorio e compagni. Quando un maschio rivale si avvicina troppo, gonfia la sua sacca giugulare rosso-arancio brillante. Due maschi possono affrontarsi con la gola dilatata per più ore consecutive.

▼ Questo anolide della Carolina ostenta il suo sacco giugulare come fosse un cartello con su scritto: "Attenzione!".

238 Ci sono rane e rospi che si gonfiano per assumere un aspetto più temibile. Rane e rospi possono anche gonfiare le sacche della gola. I loro richiami d'amore gracidanti, o gli avvertimenti rivolti ai nemici a stare lontano diventano così molto più rumorosi.

▲ La raganella cerulea australiana, conosciuta anche come raganella verde australiana o raganella di White, usa la sua gola piena d'aria per impressionare una femmina.

239 Alcuni agamidi maschi sembra vogliano far impressione sulle femmine con il body-building. A volte se ne stanno in cima a una roccia a fare flessioni o a dondolare la testa su e giù!

240 Quando si mette in mostra, il clamidosauro è uno spettacolo incredibile. Ha un grande e sottile lembo di pelle ripiegato attorno al collo. Se si trova di fronte a un predatore, questa lucertola lo apre, formando un'enorme gorgiera rigida, detta clamide, che fa sembrare la lucertola più grande e spaventosa!

241 I varani maschi fanno gare di wrestling! All'inizio del periodo dell'accoppiamento si battono per conquistare le femmine. Si impennano sulle zampe posteriori e non smettono di combattere fino alla resa del più debole.

▲ Il clamidosauro mette in fuga i predatori spaventandoli con il suo enorme collare, la grossa bocca gialla e lanciando un forte sibilo.

Creature sensibili

242 Rettili e anfibi raccolgono informazioni sul mondo che li circonda attraverso i sensi, soprattutto quelli del gusto e della vista. I sensi raccontano loro cosa c'è intorno e se nelle vicinanze ci sono in agguato pericolosi nemici. Avere i sensi sviluppati aiuta anche a trovare cibo e partner.

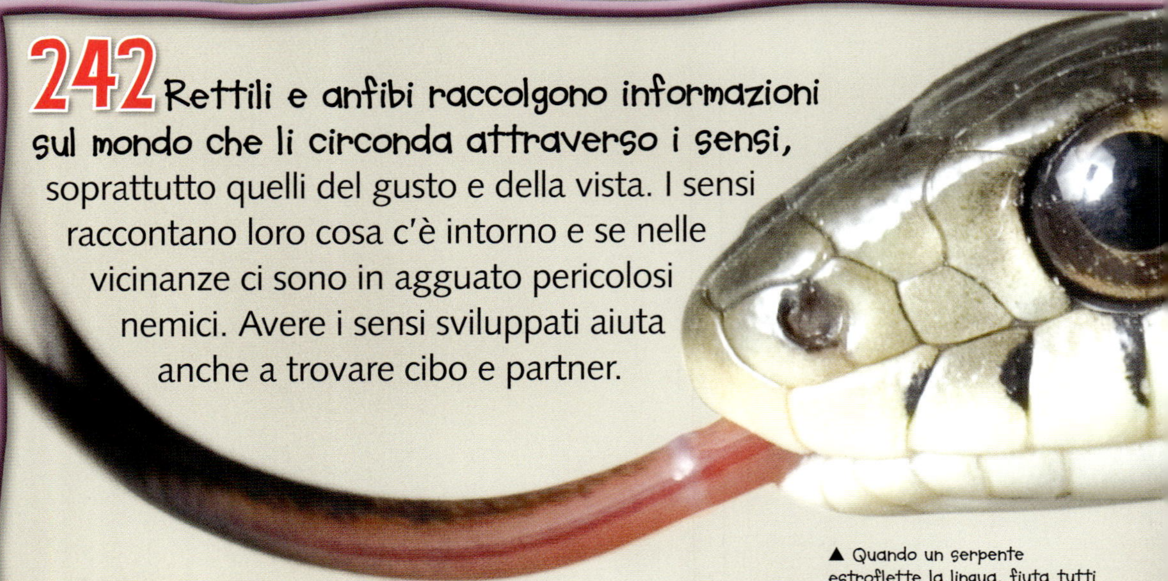

▲ Quando un serpente estroflette la lingua, fiuta tutti gli "odori" presenti nell'aria.

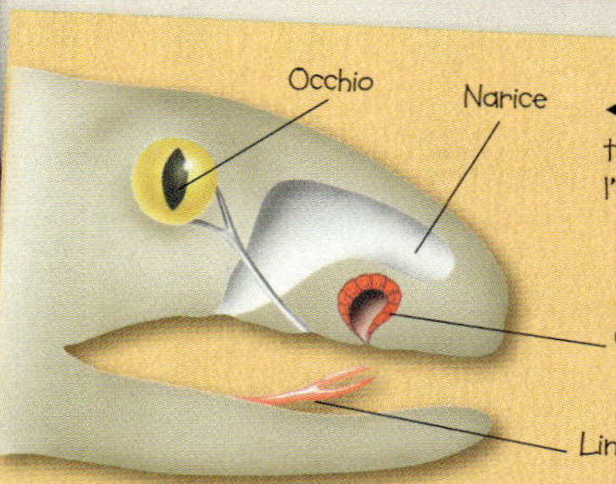

◀ Rettili o anfibi toccano con la lingua l'organo di Jacobson.

243 Molti rettili e anfibi sono dotati, sul palato, di un organo di senso davvero speciale, l'organo vomeronasale, che serve loro per avere una percezione precisa degli odori dell'ambiente tutt'intorno.

244 I serpenti hanno i sensi di vista e udito poco sviluppati, ma compensano in altri modi. Percepiscono la presenza di una preda captando le vibrazioni che attraversano il suolo mentre questa si muove. Alcuni serpenti hanno delle fossette sul muso che permettono loro di percepire il calore emanato da una preda. Rane e rospi hanno un udito fine.

▶ Rane e rospi hanno timpani grandi e ben sviluppati appena dietro gli occhi.

246 Un geco africano a coda grassa

246 **Un geco africano a coda grassa** ha la pelle così sottile sulle aperture delle orecchie, che se si guarda attraverso le cavità allineate, da un lato all'altro della testa, si può vedere passare la luce!

245 Gechi e iguane hanno occhi grandi e vista aguzza.

245 **Gechi e iguane hanno occhi grandi e vista aguzza.** Sono lucertole che non possono sbattere le palpebre perché sopra gli occhi, al posto delle palpebre mobili come gli esseri umani, hanno una sorta di "occhiali" fissi e trasparenti. Molte lucertole hanno vista acuta per stanare prede piccole e veloci come gli insetti.

▲ Le iguane vedono i colori e hanno buoni udito e olfatto.

◀ Gli animali notturni, come i gechi, hanno spesso occhi grandi.

Che fame!

▼ Questa rana leopardo settentrionale sta mangiando una libellula. Il cibo passa dall'apparato digerente, dove le sostanze chimiche, gli enzimi, lo frantumano e lo trasformano in energia.

247 Gli anfibi e molti altri rettili sono carnivori. Privi di denti, parecchi inghiottono insetti interi. Una volta passato dalla gola, il cibo deve essere digerito.

◄ La lingua di un camaleonte può essere lunga quanto tutto il suo corpo.

248 Il camaleonte è un predatore molto efficiente. Gli occhi si muovono indipendenti l'uno dall'altro, il che significa che riesce a guardare nello stesso momento in due direzioni diverse. Quando una "deliziosa" mosca gli passa accanto, in una frazione di secondo spara fuori la lingua lunghissima e appiccicosa e la ritira portandosi in bocca la preda.

249 **Le salamandre si avvicinano lente prima di colpire.** Si muovono piano piano verso la preda e... all'improvviso la catturano con la lingua o tra i denti aguzzi.

250 **I grandi rettili riescono anche a fare pasti... enormi!** Coccodrilli e grandi serpenti sono in grado di spalancare così tanto le mascelle da riuscire a prendere animali grandi quanto loro.
I coccodrilli non masticano, ma staccano grossi pezzi di carne e li buttano giù interi, insieme a delle pietre che li aiutano a frantumare il cibo.

◀ I coccodrilli stanno in agguato in acque poco profonde, in attesa che gli animali vengano a bere. A quel punto scattano in avanti e trascinano la preda sott'acqua.

ESSERE UN CAMALEONTE

Come a un camaleonte, anche a te servono due occhi per giudicare al meglio le distanze. Chiudi un occhio e alza un indice davanti a te. Ora toccalo con un polpastrello dell'altra mano. Apri gli occhi e rifallo: vedrai quanto è più facile! Due occhi offrono al cervello angolazioni diverse dalle quali guardare un oggetto, per questo è più facile valutarne la distanza.

Volano, saltano o planano?

251 **Alcuni rettili e anfibi possono "prendere il volo", anche se solo per pochi secondi.** Ciò li aiuta a spostarsi più lontano, a scappare dai predatori o a scendere in picchiata su una preda prima che scappi.

▼ Il *Draco blanfordii*, un drago volante, ha sottili lembi di pelle simili ad ali che sono sostenuti da 5–7 paia di costole. Riesce a spostarsi anche di 10 metri tra gli alberi.

253 **Ci sono serpenti che sanno planare.** Il serpente volante, diffuso nelle foreste tropicali dell'Asia del sud, è in grado di saltare o scivolare da un ramo all'altro facendo dei movimenti ondulatori.

252 **I rettili che planano trasformano i loro corpi in paracadute.** Sono infatti in grado "aprire" parte dei loro corpi, di estenderli così da catturare l'aria e rallentare la discesa.

254 **I gechi volanti hanno piedi larghi e lembi di pelle extra** tra le dita dei piedi e lungo i fianchi. Quando si lanciano da un albero all'altro, questi lembi si riempiono d'aria. I gechi volanti "prendono il volo" per scappare dai pericoli.

▼ I quattro piedi palmati servono alla rana volante di Wallace per planare.

255 Ci sono anche rane che planano. Nel folto delle umide foreste pluviali del sud-est asiatico e dell'America del sud, le raganelle svolazzano da un albero all'altro. Alcune riescono a planare addirittura 12 metri, aggrappandosi poi con le ventose che hanno ai piedi al punto in cui atterrano.

QUIZ

1. Dove vive il serpente volante?
2. Fino a che distanza riescono a planare le rane?
3. Quale rana finora conosciuta è in grado di spiccare salti di oltre 4 metri?

Risposte
1. Nelle foreste tropicali dell'Asia meridionale 2. 12 metri
3. La *Litoria nasuta*

256 Rane e rospi usano le loro potenti zampe posteriori per saltare. La *Litoria nasuta*, la più grande rana "volante", vive in Africa ed è capace di spiccare salti di oltre 4 metri.

(1) I potenti muscoli delle zampe posteriori della rana danno la spinta

(2) A metà del salto, le zampe posteriori della rana sono completamente distese, quelle anteriori rimangono lungo il corpo e gli occhi sono chiusi per protezione

(3) Quando atterra, il corpo si inarca e le zampe anteriori fungono da freno

Chi scivola e chi striscia...

257 La maggior parte dei rettili e anche alcuni anfibi trascorrono molto tempo a strisciare e scivolare sul terreno. Gli scienziati chiamano lo studio di rettili e anfibi "erpetologia", che deriva dalla parola greca *herpein* che significa, appunto, strisciare.

COSTRUISCI IL TUO SERPENTE

Raduna tutti i rocchetti di filo che trovi e dipingili con colori vivaci. Ora prendi un pezzo di carta e ritaglia una lingua biforcuta e degli occhi di serpente, e attaccali a uno dei rotolini, che diventerà la testa. Infila tutti i rocchetti su uno spago, facendo attenzione a posizionare la testa a una delle estremità!

▲ Il caratteristico e insolito movimento del crotalo ceraste gli permette di scivolare spedito sulla sabbia rovente.

258 La pelle di un serpente non cresce insieme al corpo, quindi almeno una volta all'anno deve cambiarla perché se ne formi una più grande. Si dice che il serpente fa la muta.

▲ La muta inizia dal naso, e possono volerci fino a 14 giorni per completarla.

259 Ci sono anche rane e rospi che cambiano la loro pelle. Il rospo europeo la muta più volte durante l'estate e la mangia! Cambiarla gli consente di avere la pelle sempre... perfetta!

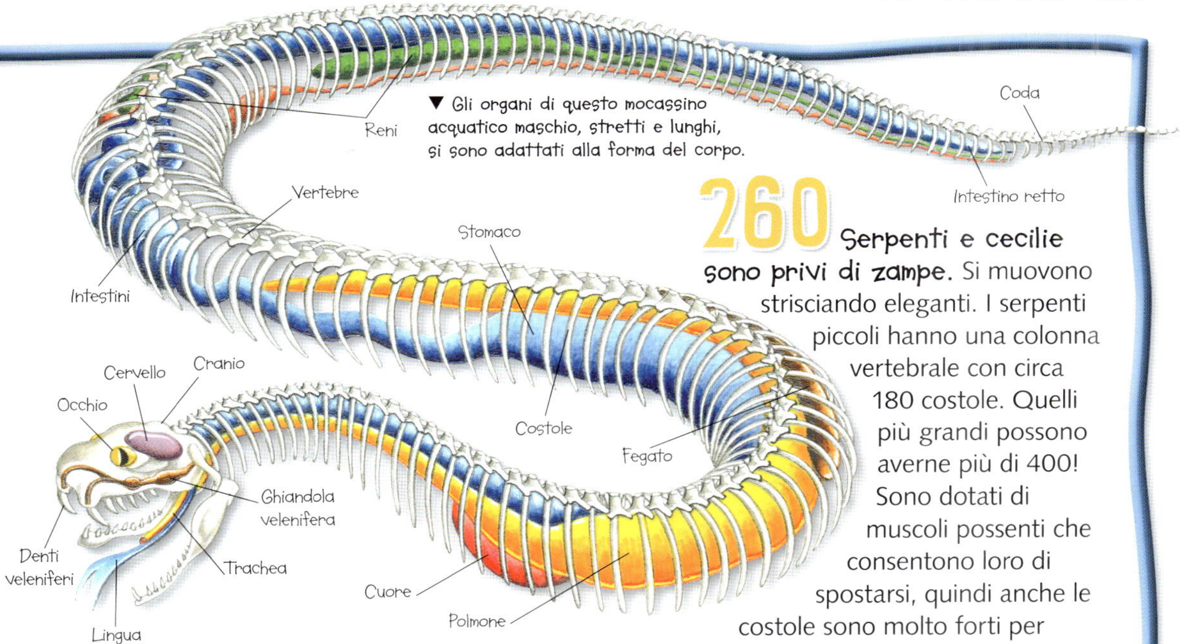

▼ Gli organi di questo mocassino acquatico maschio, stretti e lunghi, si sono adattati alla forma del corpo.

260 Serpenti e cecilie sono privi di zampe.

260 Serpenti e cecilie sono privi di zampe. Si muovono strisciando eleganti. I serpenti piccoli hanno una colonna vertebrale con circa 180 costole. Quelli più grandi possono averne più di 400! Sono dotati di muscoli possenti che consentono loro di spostarsi, quindi anche le costole sono molto forti per resistere allo sforzo.

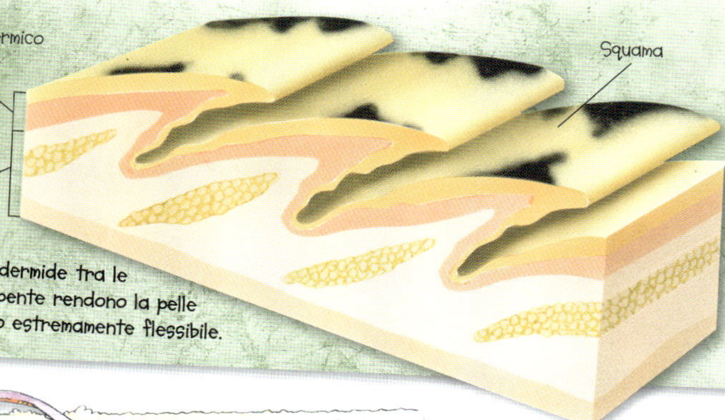

► Le zone di epidermide tra le squame di un serpente rendono la pelle elastica e il corpo estremamente flessibile.

261 Un serpente di terra ha speciali squame sul lato inferiore del corpo che aiutano l'animale ad aderire al suolo mentre si muove. Le squame di un serpente sono costituite di spessi pezzi di cheratina.

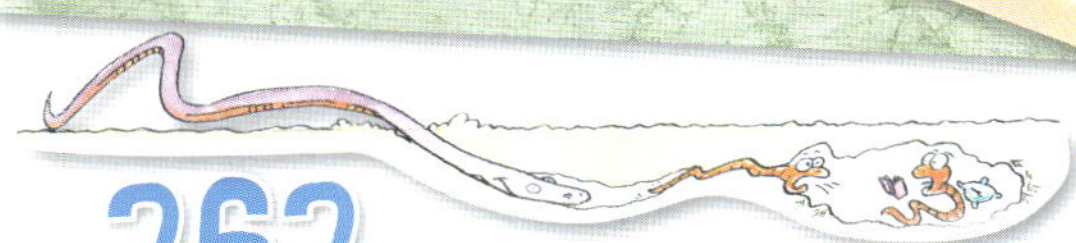

262 Alcuni rettili e anfibi scivolano sottoterra. In luoghi caldi e desertici, i serpenti si insinuano sotto la sabbia per sfuggire al calore cocente del sole. Le teste delle cecilie sono perfettamente sagomate per scavare nel fango delle loro terre tropicali quando vanno a caccia di vermi.

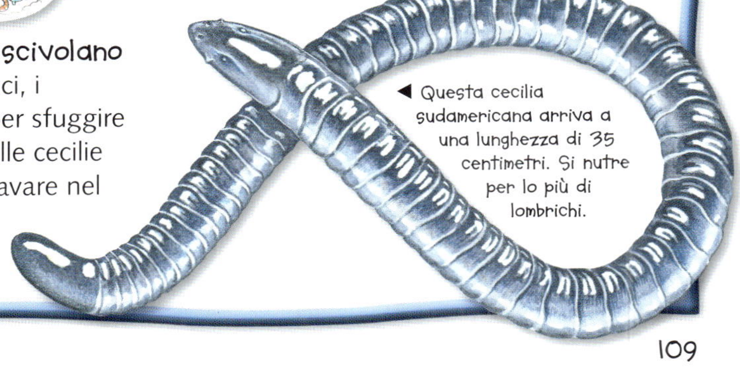

◄ Questa cecilia sudamericana arriva a una lunghezza di 35 centimetri. Si nutre per lo più di lombrichi.

Molto lenti o molto veloci

263 Nel mondo dei rettili e degli anfibi, gli animali veloci e quelli lenti si dividono abbastanza equamente. E comunque, se un predatore riesce a catturare una lenta testuggine, farà davvero fatica a mordere il suo guscio corazzato!

264 Le testuggini sono tra gli animali più lenti della Terra. Il massimo della velocità di una testuggine gigante è di 5 metri a minuto! Questi enormi rettili vivono sulle isole Galápagos, nell'oceano Pacifico, e sulle Seychelles, nell'oceano Indiano.

265 Alcune lucertole riescono a correre sull'acqua. I basilischi piumati diffusi in Costa Rica e l'idrosauro crestato delle Filippine si lanciano in acqua per scappare dai predatori. Ottimi nuotatori, la loro abilità più stupefacente è di essere in grado di correre per vari metri sull'acqua sulle due lunghe zampe posteriori.

◀ L'enorme testuggine gigante delle Galápagos può pesare quanto quattro esseri umani adulti messi insieme.

GARA DI CORSA

Con i tuoi amici organizza una corsa di animali! Ognuno ritaglia da un pezzo di cartoncino leggero una sagoma di un animale, tipo una rana o una tartaruga, e aggiunge qualche dettaglio a matita o a penna.
E ora via! Fate correre gli animali posandoli a terra e sventolandogli un giornale o una rivista dietro. Vince chi tocca per primo il traguardo.

▼ Un basilisco piumato, noto anche come basilisco verde, riesce a rimanere sulla superficie dell'acqua mentre corre usando la coda e i piedi larghi.

266 **Tra degli animali più lenti del mondo ci sono i tuatara, simili a grosse lucertole.** Quando si riposano, respirano una volta all'ora, e possono ancora crescere dopo i 35 anni! Grazie al loro stile di vita al rallentatore, alcuni vivono fino a 120 anni.

▲ I tuatara si trovano su alcune piccole isole al largo della costa della Nuova Zelanda.

267 **La lucertola più veloce del mondo è l'iguana nera,** che arriva a 35 chilometri all'ora. Al secondo posto c'è la *Aspidoscelis sexlineatus*. Nel 1941 uno di questi rettili è stato cronometrato: quasi 30 chilometri orari!

268 **Il serpente più veloce sul nostro pianeta è il letale mamba nero.** Questi timidi serpenti africani sono rettili nervosi che si spaventano con grande facilità e... attaccano fulminei. Ecco perché il mamba un serpente da evitare!

Campioni di nuoto

269 **Gli anfibi sono conosciuti per il loro legame con l'acqua, ma anche alcuni rettili sono acquatici, vivono cioè dentro, o nelle vicinanze, dell'acqua.** Diversi tipi di anfibi e rettili hanno sviluppato i modi più disparati per sopravvivere in questi ambienti.

▼ Le iguane marine si immergono nelle gelide acque del mare per brucare le alghe. Scendono anche a 9 metri, ma poi devono crogiolarsi al sole per riscaldarsi.

NON CI CREDO!

A volte i pesci si raggruppano attorno alla coda dei serpenti di mare per non essere mangiati. Quando il serpente ha voglia di uno spuntino... nuota all'indietro, ingannando i pesci che scambiano la testa per la coda!

270 Tritoni e salamandre nuotano un po' come i pesci. Mentre si muovono, compiono dei movimenti sinuosi. Molti hanno code piatte che li aiutano per spingersi in avanti nell'acqua.

Tritone orientale

▲▼ I tritoni, abili nuotatori, trascorrono gran parte della loro vita in acqua.

Tritone dalla pelle ruvida

271 Rospi e rane avanzano sferrando calci all'indietro con le zampe posteriori. Usano invece le zampe anteriori come freno per atterrare quando si tuffano. I grandi piedi palmati fungono da pinne con cui si muovono in acqua.

272 È strano un serpente che nuota? Eppure sono vari quelli esperti in acqua. I serpenti marini rimangono immersi anche cinque ore e si muovono a gran velocità. Le bisce dal collare europee sono ottime nuotatrici: devono esserlo, perché si cibano di animali che vivono in zone acquatiche.

▼ I serpenti marini tornano a terra per deporre le uova.

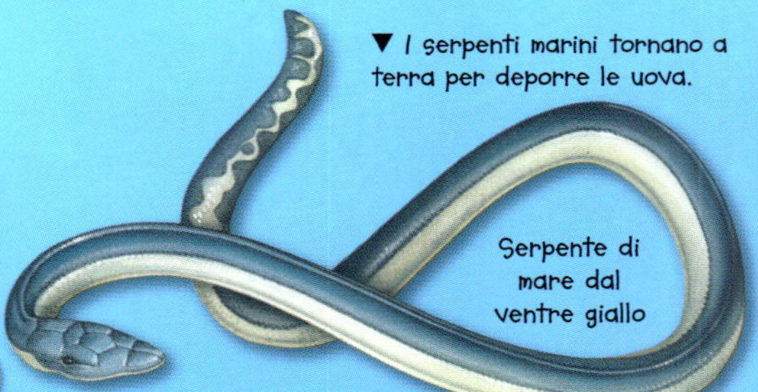

Serpente di mare dal ventre giallo

Serpente di mare bocca gialla

▼ Le tartarughe verdi hanno preso il mare circa 150 milioni di anni fa.

273 Le tartarughe marine hanno gusci leggeri e piatti, infatti nuotano bene. Alcune raggiungono la velocità di 29 chilometri all'ora. Le zampe anteriori a forma di pinna "volano" nell'acqua, quelle posteriori sono come dei piccoli timoni con cui orientano la direzione.

Carri armati naturali

274 **Testuggini e tartarughe sono come carri armati corazzati, lente, ma ben protette dai gusci.** Le testuggini se ne stanno sulla terraferma e si cibano più che altro di piante. Alcune tartarughe, di cui molte sono carnivore, vivono in mare; altre, le tartarughe d'acqua dolce, popolano laghi e fiumi.

NON CI CREDO!

Una tartaruga gigante regge pesi di anche una tonnellata. Potrebbe essere usata come cric per sollevare un'automobile... ma è certo più facile e cortese è rivolgersi alla più vicina officina!

◀ Gli enormi artigli di un'aquila ghermiscono una tartaruga. Il rapace la solleva e poi la fa cadere dall'alto, così da romperne il duro guscio.

▶ Il guscio di una testuggine fa parte del suo corpo, dato che è attaccato allo scheletro.

275 **In caso di pericolo, le testuggini possono rifugiarsi in gran fretta nelle loro case mobili.** Basta che ritirino testa, coda e gambe infilandole nel guscio.

276 Testuggini e tartarughe sono, oggi, tra i rettili viventi più antichi. Esistevano probabilmente già al tempo dei primissimi dinosauri, più o meno 200 milioni di anni fa. Sono anche tra gli animali più longevi: alcuni arrivano a compiere addirittura 150 anni!

▲ Testuggini e tartarughe fanno parte del gruppo dei rettili cheloniani. Hanno tutti quattro arti, guscio duro e, al posto della bocca, il becco corneo. I gusci possono essere coriacei oppure ricoperti da placche cornee, gli scuti.

277 Alcune tartarughe marine sono grandi migratrici. La tartaruga verde si sposta di anche 2000 chilometri per andare dal luogo in cui trova cibo, al largo delle coste brasiliane, alle spiagge dove si riproduce, sull'isola dell'Ascensione, nell'Atlantico meridionale.

Nemici da paura

278 **Animali come i coccodrilli, alcuni serpenti e le tartarughe azzannatrici sono nemici davvero pericolosi.** I serpenti, si sa, avvelenano o strangolano la preda prima di divorarla, mentre altri rettili ricorrono a degli stratagemmi che li rendono particolarmente temibili.

► I serpenti del latte uccidono la preda stritolandola tra le potenti spire prima di deglutirla intera.

► Le vipere dalle ciglia catturano piccoli animali rimanendo appese ai rami degli alberi. Le prede sono sopraffatte dal veleno nel giro di pochi minuti.

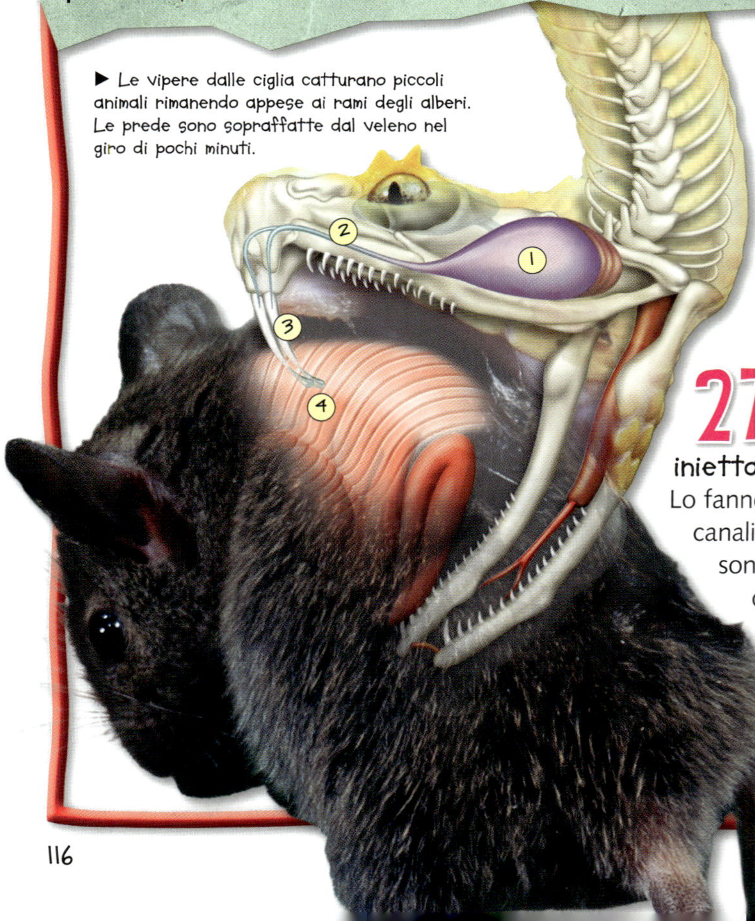

PUNTI CHIAVE

1. Le ghiandole velenifere sono situate ai due lati della testa.
2. Un canalino porta dalle ghiandole alle zanne.
3. I canali veleniferi attraversano le zanne, che sono cave.
4. Il veleno è iniettato in profondità nel tessuto muscolare della preda.

279 **I serpenti velenosi iniettano il veleno nelle loro prede.** Lo fanno tramite denti scanalati o canalicolati, chiamati zanne. I serpenti a sonagli, che sono velenosi, sono muniti di un sonaglio all'estremità della coda che scuotono per spaventare i predatori. I serpenti costrittori, come i pitoni, si avvolgono intorno alle vittime e le stritolano a morte.

QUIZ

1. In che modo la tartaruga alligatore attira una preda?
2. I serpenti come iniettano il veleno nella preda?
3. Quale anfibio ha macchie o strisce di un giallo brillante?

Risposte
1. Agitando la punta della lingua, che sembra un verme succulento
2. Attraverso denti scanalati o canalicoli, le zanne
3. Una salamandra pezzata

▼ Quello delle tartarughe alligatore è uno dei morsi più potenti di tutto il mondo animale.

280 **La tartaruga alligatore si mimetizza bene con la ruvida roccia dei fondali marini.** Questo animale ha un altro asso nella manica: la punta della sua lingua è simile a un verme succulento. Se la agita, le prede di passaggio vengono attirate nelle sue fauci.

ALT! SONO VELENOSO!

▶ Una salamandra pezzata spruzza il suo veleno contro un predatore.

◀ La pelle del dendrobate pigmeo è ricoperta di un veleno micidiale.

281 **Le fantasie brillanti di alcuni anfibi sono un monito.** Avvertono i predatori che la pelle potrebbe avere un gusto sgradevole o causare irritazioni. Le rane freccia nelle foreste pluviali sudamericane hanno colori sgargianti, mentre le salamandre pezzate hanno macchie o strisce di un giallo acceso.

Astute mimetizzazioni

282 **Rettili e anfibi sono campioni di mimetizzazione.** Alcuni si confondono naturalmente con l'ambiente circostante, altri cambiano aspetto: trucchi perfetti per fuggire ai predatori o avvicinarsi di soppiatto alla preda.

283 **Rane e rospi sono capacissimi di confondersi con l'ambiente circostante.** Molti hanno sfumature verdi o verdi-marrone per assomigliare a foglie, erba o alla corteccia di un albero.

▶ La pelle colorata e irregolare di una rana muschio la aiuta a confondersi con la superficie screziata di un tronco d'albero.

TRAVESTIMENTO... BESTIALE!

Crea la maschera del tuo rettile o anfibio preferito con un pezzo rotondo di carta o anche un piatto di carta. Guarda le immagini di questo libro, ti aiuteranno ad aggiungere dettagli, e poi colorala. Ora ritaglia con cura i fori per gli occhi, attacca un cordino o un elastico ai lati e... indossala.

284 **Molte lucertole sono verdi o marroni, i colori giusti per mimetizzarsi.** Il camaleonte può anche cambiare colore. Se incontra un nemico che si avvicina su un ramo, si rannicchia, immobile, e assume la postura e il colore di una foglia o della corteccia.

285 **L'ululone dal ventre rosso ha la pancia di un rosso brillante!** Se si sente minacciato, salta via per mettersi in salvo. L'attaccante rimane confuso dal rosso acceso che vede come in un lampo fulmineo, e al rospo viene regalata una frazione di secondo extra per scappare.

▶ Vedere come in un flash la pancia rossa di questo rospo spaventa e disorienta il predatore.

▶ Osserva bene questa foglia tutta raggrinzita. Vedrai che si tratta in realtà di un animale vivo, un geco satanico dalla coda a foglia.

286 **Alcuni serpenti fingono di essere morti.** Giacciono a terra con il ventre rivolto all'insù e la lingua fuori, così i predatori vanno a cercarsi cibo più fresco!

◀ Ci sono serpenti che ingannano i predatori fingendosi morti per essere lasciati in pace.

Maghi della fuga

287 Rettili e anfibi devono lottare per sopravvivere nel pericoloso mondo della natura. Senza qualche astuto trucchetto si trasformerebbero in fretta in ghiotti pasti. I morsi dei mostri di Gila, per esempio, sono velenosi tanto da essere letali.

▶ Un mostro di Gila deve mordere la preda per iniettarle il veleno.

288 Alcune salamandre e lucertole hanno la capacità di far cadere la propria coda. Se un predatore afferra uno scinco a cinque righe per la coda, si ritrova ben presto a tenere solo una coda blu che si muove! Questa, poi, ricresce.

289 Spruzzare del sangue contro un aggressore è un trucco efficace. Quando hanno paura, le lucertole cornute del deserto si gonfiano e dai loro occhi schizza fuori del sangue.

◀ Il muso rosso sangue di una lucertola cornuta del deserto fa paura.

▶ Uno scinco costituisce un delizioso spuntino per un animale più grande.

290 **La tattica per prendere tempo di un giovane scinco dalla lingua blu è quella di sfruttare il colore della** lingua blu brillante: il nemico la vede e, colto alla sprovvista, lascia la preda.

QUIZ

1. Come fanno alcune salamandre e lucertole a fuggire ai predatori?
2. Cosa fanno le lucertole cornute del deserto quando hanno paura?
3. Di cosa è fatto il sonaglio di un serpente a sonagli?

Risposte
1. Fanno cadere la loro coda
2. Si gonfiano, sibilano e schizzano sangue dagli occhi
3. Di strati di pelle secca della muta

▼ Riesci a distinguere la testa dalla coda di questa *Tiliqua rugosa*?

291 **La *Tiliqua rugosa* vive in Australia e... ha la coda a forma di testa!** Appena il predatore, confuso, avrà capito il trucco, la lucertola sarà già scappata.

292 **I serpenti a sonagli sono rettili pericolosi.** Scuotono i crepitacoli, detti anche sonagli, che hanno all'estremità della coda come avvertimento per gli aggressori. I lunghi denti cavi iniettano veleno mortale in profondità nella carne.

◀ Il sonaglio del serpente a sonagli è fatto di strati di pelle secca della muta.

Megarettili

293 **I rettili che popolavano la Terra milioni di anni fa erano i dinosauri.** Oggi, i rettili più grandi sono molto più piccoli, ma sono comunque pericolosi predatori. Coccodrilli, alligatori e varani di Komodo, cacciatori formidabili, hanno sensi altamente sviluppati.

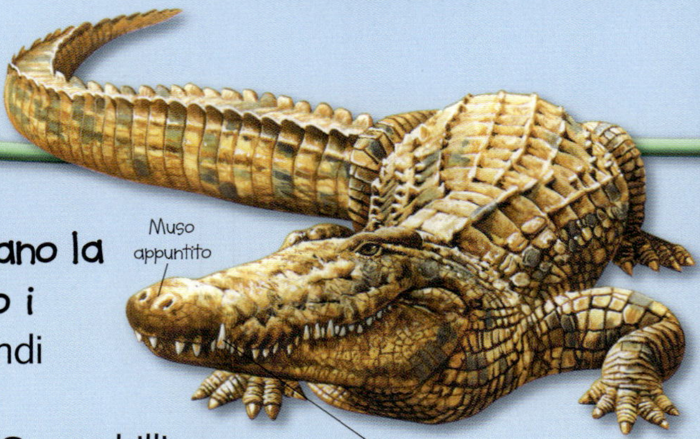

▲ La maggior parte dei coccodrilli vive in Africa o in Asia.

◀ Gli alligatori vivono nelle Americhe e in Cina.

294 **Coccodrilli e alligatori misurano di solito tra i 3 e i 7 metri di lunghezza, ma se ne sono visti anche di più grandi.** Hanno pelle coriacea spessa, mascelle enormi e l'istinto di uccidere. I coccodrilli hanno due grossi denti sui lati della mandibola che spuntano anche quando la bocca è chiusa.

295 **I draghi di Komodo, le lucertole più grandi e pesanti della Terra,** sono dei varani che raggiungono facilmente i 3 metri di lunghezza, e a volte superano i 70 chilogrammi di peso. Sono diffusi su alcune isole dell'Indonesia, dove vengono protetti, visto che ormai ne sono rimasti in natura solo pochi esemplari. Vivono fino a 40 anni.

NON CI CREDO!

Le uova dei coccodrilli e degli alligatori possono svilupparsi solo se tenute al caldo... e dalla quantità di calore dipende se nasceranno maschi o femmine. Se tenute sotto i 30 °C, verranno al mondo soltanto femmine!

◀ Come le altre lucertole, i varani di Komodo saettano le loro lingue lunghe nell'aria per "fiutare", cioè percepire la presenza di animali o di cibo nelle vicinanze. Sono predatori senza paura e cacciano serpenti, ratti, maiali e cervi.

296 **I draghi di Komodo appena nati si rifugiano sugli alberi, così i genitori non possono mangiarli!** Non appena le uova si schiudono, i piccoli devono imparare a sopravvivere senza alcun aiuto da parte di mamma e papà.

Rettili a rischio di estinzione

297 **Un terzo dei rettili e degli anfibi corre il rischio di estinguersi, cioè di scomparire per sempre** perché il suo habitat si è ridotto o perché viene cacciato.

298 **Le tartarughe verdi sono minacciate da bracconieri che sottraggono le loro uova per venderle come cibo.** Inoltre si costruisce sulle spiagge, le loro zone di riproduzione, e gli esemplari adulti sono cacciati nei mari dell'Asia per finire in tavola...

▶ Gli scienziati sperano di riuscire a salvare le tartarughe verdi dall'estinzione. Le monitorano durante le loro migrazioni attraverso gli oceani.

▲ La morte di Lonesome George ha spinto molte persone a lottare per salvare le ultime testuggini giganti.

299

Lonesome George era una testuggine gigante, ultima della sua specie. Viveva sulle Galápagos, isole in cui le testuggini erano considerate un tempo rettili comuni. Alla sua morte, nel 2012, la sottospecie di George si è estinta.

300

I cambiamenti climatici minacciano gli anfibi, che hanno bisogno che i loro habitat si mantengano caldi e umidi. L'inquinamento, invece, modifica il clima del pianeta. Un gran numero di rane e rospi è morto per una malattia della pelle diffusasi un po' ovunque nel mondo.

▲ La rana dorata panamense si è probabilmente estinta in natura.

QUIZ

1. In che anno è morto Lonesome George?
2. Gli scienziati come sperano di salvare le tartarughe verdi dall'estinzione?
3. Quale rana si è probabilmente estinta in natura?

Risposte
1. Nel 2012
2. Monitorandole durante i loro spostamenti negli oceani
3. La rana dorata panamense

ANIMALI IN PERICOLO

301 In tutto il mondo, piante e animali selvatici e i loro habitat stanno rapidamente scomparendo. Moltissimi animali sono in grave pericolo, dalle creature delle foreste pluviali a quelle che abitano montagne, deserti, zone polari e oceani. Alcuni sono ormai così rari che è inevitabile che spariscano inesorabilmente per sempre.
Il problema principale è che gli uomini causano danni a volte irrimediabili al mondo naturale. Sta a noi cambiare il nostro modo di comportarci per salvarli dall'estinzione.

▶ Il giaguaro, il felino più grande delle Americhe, è in pericolo per la perdita del suo habitat. Viene anche ucciso o catturato dall'uomo quando attacca la gente del posto oppure gli animali delle fattorie e quelli domestici.

Troppo tardi per salvarli

302 **Negli ultimi cento anni le specie considerate a rischio sono aumentate e dozzine si sono ormai estinte.** Tra queste ci sono pesci, rane, serpenti, uccelli e mammiferi. Studiare il motivo della loro scomparsa può aiutarci a salvare gli animali oggi minacciati.

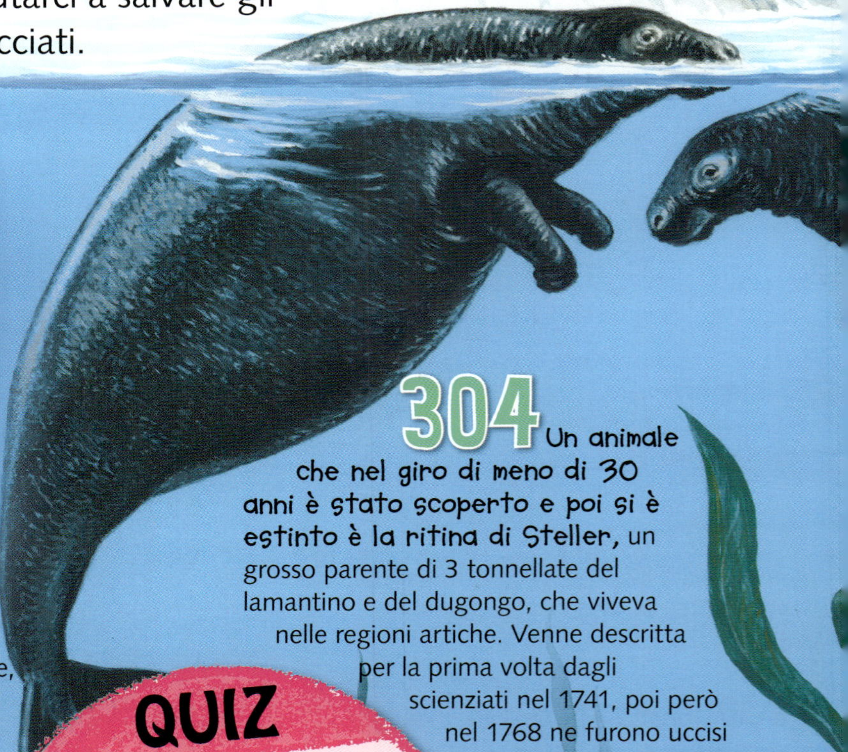

303 **Essere un animale "comune" non tutela dalle minacce provenienti dall'uomo.** Cinquecento anni fa c'erano forse 5000 milioni di piccioni migratori. Vennero catturati e uccisi per la loro carne, mentre colture e animali da allevamento si impadronivano del loro habitat naturale. L'ultimo piccione migratore, Martha, morì nello zoo di Cincinnati nel 1914.

304 **Un animale che nel giro di meno di 30 anni è stato scoperto e poi si è estinto è la ritina di Steller,** un grosso parente di 3 tonnellate del lamantino e del dugongo, che viveva nelle regioni artiche. Venne descritta per la prima volta dagli scienziati nel 1741, poi però nel 1768 ne furono uccisi così tanti esemplari che finì per scomparire.

QUIZ

Quali di questi animali si sono estinti e quando? Mettili in ordine temporale di scomparsa, dal più antico al più recente.

A. Dodo
B. Antilope azzurra
C. Tilacino o tigre della Tasmania
D. Piccione migratore
E. Ritina di Steller

Risposte
A E B D C

▲ La ritina di Steller era lunga 8 metri e pesava quasi quanto un elefante. Le sue notevoli dimensioni, però, non sono riuscite a proteggerla. I marinai ne cacciavano interi branchi per la carne, il grasso e le pelli.

► Il dodo è, nel mondo, uno dei più famosi simboli del processo di estinzione. Rimangono solo poche ossa, piume e alcuni pezzetti di pelle.

305 **Molti animali minacciati si sono estinti.** Tra questi, l'antilope azzurra dell'Africa meridionale (intorno al 1800); l'alca impenne, della famiglia degli alcidi, un uccello marino incapace di volare (1850); il tilacino, o tigre della Tasmania, un marsupiale simile a un cane (1936); la foca monaca dei Caraibi (anni Cinquanta) e molti altri ancora.

306 **Il dodo, un uccello che aveva le dimensioni di un tacchino ma con ali minuscole con cui non riusciva a volare, popolava le isole Mauritius, nell'Oceano Indiano.** I marinai che si fermavamo sull'isola e andavano a caccia di cibo fresco, li catturavano. Ne vennero uccisi così tanti che si estinsero prima della fine del XVII secolo. Da allora nacque il detto, in inglese: "Morto quanto un dodo", che equivale al nostro "morto e sepolto."

► Ogni 7 settembre l'Australia celebra la Giornata nazionale delle specie minacciate. La ricorrenza ricorda l'ultimo esemplare di tilacino morto quel giorno, nel 1936, allo zoo di Hobart, nello Stato della Tasmania.

Conosciamoli meglio

307 Come sappiamo quali animali sono in pericolo e se hanno bisogno del nostro aiuto? Esploratori e viaggiatori narrano storie di creature rare e bizzarre. A volte le arricchiscono con particolari di fantasia per renderle ancora più emozionanti. Per questo sono necessari studi scientifici per individuare quali sono a rischio e quanto seriamente.

▼ Questo leone, addormentato da piccole frecce cariche di anestetico, è monitorato con un radiocollare. Ogni leone ha un disegno di vibrisse tutto suo, il suo unico segno distintivo, con cui lo si riesce a identificare.

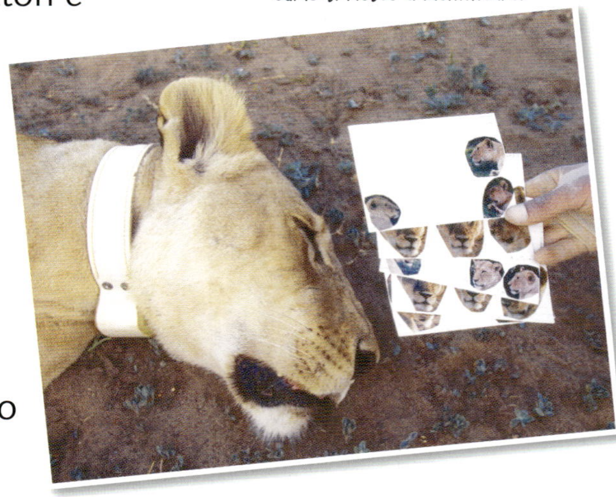

308 Usare cerbottane o fucili che lanciano a distanza siringhe caricate con un anestetico fa sì che un animale, un leone per esempio, dorma per un po'. A quel punto gli scienziati lavorano più in fretta possibile, prelevano campioni di sangue, verificano la presenza di malattie, lo misurano, lo pesano e raccolgono tutte le informazioni utili prima del suo risveglio.

▼ Le guardie forestali sorvegliano e proteggono i rarissimi gorilla di montagna, che sono abituati ad averli intorno. Le guardie a loro volta, prendono dimestichezza con questi animali e le loro abitudini, cosa che aiuta gli scienziati a svolgere importanti ricerche.

▼ Riprese aeree e fotografie vengono esaminate per contare animali grandi come per esempio gli elefanti, valutarne l'età e capire se sono maschi o femmine.

309 **Agli scienziati non basta sapere quanti singoli individui rimangono di una specie in via di estinzione.** Cercano di scoprire anche la loro età, cosa mangiano, quanto spesso si riproducono, come si muovono o migrano e quanto a lungo tendono a vivere. Tutti questi dettagli li aiutano a conoscere a fondo la specie e a elaborare la migliore strategia per intervenire.

310 **Grandi animali in ambienti aperti come gli elefanti della savana africana sono monitorati dal cielo.** Aerei, elicotteri e persino palloni aerostatici trasportano persone che hanno il compito di contare gli individui dei branchi e scattare fotografie.

NON CI CREDO!

Per studiare un animale in via di estinzione, uno degli strumenti più utili sono i suoi... escrementi! Lo sterco contiene infatti molte informazioni su cosa mangia, se è in salute, e quali malattie potrebbe avere contratto.

311 **È fondamentale prendere gli animali e dotarli di un dispositivo elettronico prima di rilasciarli.** A uccelli rari come gli albatri, catturati con grande cautela nelle reti, vengono applicati piccoli anelli sulle zampe. Il cosiddetto "inanellamento" serve agli scienziati per identificare i singoli individui. Le telecamere nelle corna dei rinoceronti hanno la stessa funzione.

312 **Ci sono animali abbastanza grandi da essere collegati a un radiofaro, che invia segnali a un satellite.** Balene, tartarughe marine, foche e altre creature possono essere seguite mentre nuotano negli oceani sconfinati.

Minacciati... ma quanto?

313 **Magari sospettiamo che un animale sia a rischio... ma quanto è grave è la minaccia?** L'Unione Internazionale per la Conservazione della Natura (IUCN), un'organizzazione scientifica, stila una "lista rossa" di piante e animali minacciati. Di ciascuna specie è fornita una breve descrizione con una sigla di sole due lettere che ne illustra lo stato di conservazione.

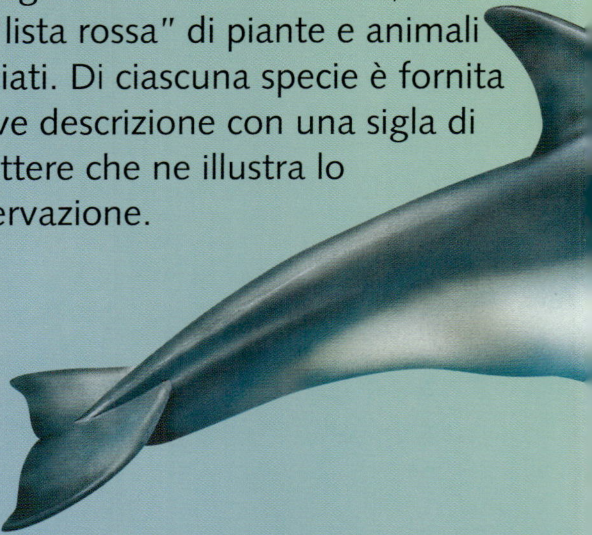

▲ Il dragone foglia è minacciato non solo perché viene catturato dagli amanti dei pesci esotici, ma è anche ucciso, essiccato, ridotto in polvere e venduto come ingrediente che nella medicina della tradizione locale è ritenuto efficace.

314 **NT, *Near Threatened,* significa "prossima alla minaccia".** Comprende le specie che potrebbero presto trovarsi a rischio, ma non lo sono ancora. Tra queste, il dragone foglia, un pesce i cui lembi di pelle lo fanno assomigliare ad alghe fluttuanti.

315 **Con VU si intende "vulnerabile",** vale a dire che la specie è già minacciata, ed è necessario intervenire entro pochi anni. Ne è esempio è l'otaria orsina, delle regioni del Pacifico settentrionale.

◀ Le otarie orsine, o callorini dell'Alaska, venivano uccisi in gran numero per la pelliccia spessa, morbida e calda usata un tempo per farne cappotti.

► I leopardi delle nevi si trovano nelle remote montagne dell'Asia centrale. La caccia da parte dell'uomo li ha portati a scomparire da parecchie zone.

316 **EN, *Endangered*, "in pericolo".** La specie deve affrontare gravi problemi, e il rischio di estinzione entro pochi anni è alto. Lo splendido leopardo delle nevi è compreso.

317 **CR è *Critically Endangered*, ossia "in pericolo critico",** è il gruppo più a rischio. A meno che non venga compiuto un enorme sforzo di conservazione, l'estinzione è praticamente inevitabile. È CR la vaquita, la focena più piccola del mondo, che vive nel golfo della California settentrionale.

▲ Acqua inquinata, estrazione di petrolio e gas e la cattura nelle reti da pesca sono tutti pericoli mortali per la vaquita, la focena del golfo di California lunga 1,5 metri.

▼ I corvi delle Hawaii si trovano ormai solo in cattività. I tentativi di allevarli e poi liberarli sono finora falliti tutti.

318 **EW sta per *Extinct in the Wild*, "estinto in natura".** Si riferisce a una specie scomparsa in natura, ma di cui ci sono ancora degli esemplari in zoo e parchi naturali, come il corvo delle Hawaii. Gli ultimi due esemplari selvatici sono scomparsi nel 2002, ma ne sopravvivono alcuni in gabbia. EX, *Extinct*, è "scomparso per sempre". Si intende che l'animale non è stato avvistato negli ultimi 50 anni.

ABBINA

Abbina le creature minacciate elencate qui sotto con il loro giusto gruppo di animali

A. Squalo balena
B. Ara di Spix
C. Vaquita
D. Caimano
E. Proteo

1. Uccello
2. Pesce
3. Anfibio
4. Mammifero
5. Rettile

Risposte
A2 B1 C4 D5 E3

Sulla lista rossa

319 **Gli animali più a rischio sono quelli classificati CR, in "pericolo critico".** Tra i mammiferi CR più famosi rientrano i gorilla di montagna. Ne sono rimasti appena poche centinaia sulle alte vette dell'Africa centrale. Soffrono per la perdita del loro habitat naturale, e inoltre sono uccisi per la carne e come trofei, e contagiati dalle malattie che colpiscono pure l'uomo.

▲ Il più piccolo dei rinoceronti, 700 chilogrammi circa, è quello di Sumatra, braccato per le sue corna, che ridotte in polvere sono impiegate nei cosiddetti "medicinali" tradizionali."

▼ Malgrado siano più numerosi dei loro cugini di montagna, i gorilla di pianura affrontano lo stesso tipo di minacce. Le più gravi sono la perdita dell'habitat e il bracconaggio.

320 **Il gruppo di grandi mammiferi più minacciato è quello dei rinoceronti.** Delle cinque specie, tre sono CR – i rinoceronti di Giava e quelli di Sumatra, del sud-est asiatico, e il rinoceronte nero d'Africa. Il rinoceronte indiano è classificato VU, "vulnerabile". Soffrono tutti per la perdita dell'habitat e perché braccati per le loro corna.

REALIZZA UN NASO DI...

Cosa ti serve

Un grande foglio di carta • nastro adesivo

Il corno del rinoceronte può essere lungo più di un metro! Vuoi realizzarne uno? Arrotola il foglio così da formare un cono, poi fissalo con del nastro adesivo e appoggia il "corno" inclinato sul tuo naso. Come faranno i rinoceronti a vedere dove vanno?

▲ I kouprey brucano l'erba di notte e durante il giorno si ritirano nel folto della foresta.

321 **Il kouprey, un bue selvatico dalle grandi corna di oltre una tonnellata di peso, è minacciato.** Sembra ne siano rimasti meno di 250 esemplari nel sud-est asiatico. Non solo il suo habitat naturale si sta riducendo, ma è anche cacciato dalla gente del posto e contagiato dal bestiame delle fattorie, oltre a essere ucciso dai soldati che combattono nella foresta, dove cercano cibo.

▼ Le balene franche nuotano lente e non si allontanano dalla superficie, diventando così, purtroppo, facili bersagli per i balenieri.

322 **La balena franca nord-atlantica non si è mai ripresa dall'ultima uccisione di massa delle balene nel secolo scorso.** Ora ne sono rimasti probabilmente meno di 600 esemplari. Queste balene si riproducono così lentamente che non si prevede possano mai più aumentare di numero.

323 **A parte i grandi, noti mammiferi, sulla lista rossa ne compaiono molti altri che sono più piccoli.** Tra questi l'aguti messicano (una specie di roditore), il coniglio di fiume dell'Africa del Sud e il vombato dal naso peloso settentrionale, noto anche come yaminon dell'Australia nord-orientale.

Un rischio per tutti

324 **Mammiferi come i gorilla, le balene e le tigri non sono gli unici animali in via di estinzione, ma vi sono molte altre specie minacciate, di ogni tipo di animali.** Tra gli uccelli c'è il petrello delle Bermuda, l'uccello marino nazionale dell'isola di Bermuda. Ne sono sopravvissuti appena 250 circa e gli isolani stanno compiendo sforzi enormi per la loro conservazione.

▲ Un giovane petrello delle Bermuda resta in mare per circa cinque anni prima di fare ritorno sulla terraferma, dove si riproduce.

325 **Un rettile minacciato è la tartaruga fluviale indiana, un tempo diffusa in India e nel sud-est asiatico.** Uno dei motivi per cui oggi è tanto rara è che la gente ne prendeva le uova, in particolare in Cambogia, per offrirle in dono al sovrano. Ora il re cambogiano Norodom Sihamoni ha ordinato di proteggerla.

▼ La tartaruga fluviale indiana cresce oltre il metro di lunghezza e i 30 chilogrammi di peso. È onnivora: si nutre di piante, di pesci e di granchi.

326 **Un anfibio "vulnerabile" è la rana di Hamilton, che vive in Nuova Zelanda** e che è forse la rana più rara del mondo. Non gracchia, non ha i piedi palmati e si schiude dal suo uovo non come un girino, ma come una ranocchietta già perfettamente formata.

▲ La rana di Hamilton non arriva ai 5 cm di lunghezza. Sembra che allo stato di natura ne siano rimaste meno di 300.

▼ Il ciprinodonte di Devil's Hole è uno dei tanti pesci rari che vivono tutti nelle acque di piccole pozzi naturali.

327 **Un pesce che è a rischio altissimo è il ciprinodonte di Devil's Hole.** In natura vive solo nelle acque di un pozzo naturale chiamato, appunto, Devil's Hole, in una grotta calcarea nel deserto vicino alla Death Valley. Un tempo ce n'erano tra i 200 e i 400 esemplari, ma dopo vari problemi di inondazioni e di siccità, il numero è sceso sotto i 100.

328 **Tra gli insetti più rari in assoluto va annoverata la farfalla della regina Alessandra,** che dimora in una piccola zona dell'isola di Papua Nuova Guinea. Nel 1950 un vulcano nelle vicinanze eruttò distruggendo gran parte della foresta, suo habitat naturale, e ora è classificata come EN, "in pericolo".

Maschio

Femmina

► Come tante altre farfalle tropicali, il maschio e la femmina della farfalla della regina Alessandra sono molto diversi tra loro.

NON CI CREDO!

Per oltre 300 anni il petrello delle Bermuda fu ritenuto estinto. Poi, nel 1951, si avvistarono coppie annidate nelle rocce costiere.

La minaccia peggiore

329 Gli animali in via di estinzione devono affrontare molte minacce diverse, ma il problema più grande per gran parte di loro è la perdita dell'habitat. Significa che l'ambiente naturale in cui vivono sta subendo dei cambiamenti o viene distrutto, perciò gli animali e le piante selvatici tipici del luogo non riescono a sopravvivere.

330 La perdita dell'habitat non è una minaccia nuova, ma un problema che risale a migliaia di anni fa. Un po' ovunque in Europa i terreni adibiti a colture e allevamenti hanno preso man mano il posto delle grandi foreste che vi crescevano prima. Ciò ha comportato la scomparsa di animali endemici come orsi, cinghiali, lupi e castori.

331 Oggi gli habitat si stanno riducendo a un ritmo spaventoso, soprattutto per quanto riguarda le foreste tropicali, considerate "zone critiche" perché vi abita una ricchissima gamma di fauna selvatica, nota come biodiversità. Dislocate prevalentemente in America meridionale e centrale, in Africa occidentale e nel sud-est asiatico, ci vive una parte considerevole degli animali considerati a rischio.

▶ Le foreste tropicali vengono abbattute per i legni esotici e pregiati quali teak e mogano. Ciò che resta è bruciato e distrutto per fare spazio alle coltivazioni.

332 **I murichi, le cosiddette scimmie ragno lanose che vivono in Brasile, sono ad altissimo rischio di estinzione.** Gli alberi nelle loro foreste tropicali sono stati abbattuti per ricavarne tronchi per il commercio del legname. Poi la zona è stata sgombrata per allevamenti e campi da coltivare. Le scimmie, insieme a migliaia di altre specie che popolavano le foreste, vivono ora in aree molto più ristrette.

333 **Nel Borneo è minacciata tutta una gamma di animali, dall'elefante del Borneo agli oranghi, a causa del disboscamento delle foreste, sostituite da palme da olio e altre colture.** Le piantagioni delle palme da olio sono uno dei motivi primari della perdita di habitat in tutta la zona dei tropici. L'olio vegetale prodotto con questi frutti si usa per cucinare, ma anche per produrre carburante per veicoli (biodiesel).

Troppe persone, poco spazio

334 **Molti animali sono scomparsi dai loro habitat perché ormai ci vivono gli uomini,** il cui numero aumenta ogni minuto di circa 150 persone, che necessitano tutte di case, terra da coltivare, negozi, scuole, fabbriche, strade... E più esseri umani significa, inevitabilmente, meno posto per la fauna selvatica.

335 **Gli animali che vivono in laghi, fiumi, paludi e acquitrini sono tra i più minacciati.** I loro habitat vengono prosciugati e bonificati per far posto a città, porti e luoghi di villeggiatura in riva al mare. Le aree turistiche lungo i fiumi e le coste costituiscono un pericolo per qualsiasi specie animale.

▼ Le città si sono ingrandite ovunque nel mondo sovrapponendosi ai vicini habitat naturali, come questa baraccopoli in Colombia (America del Sud).

QUIZ

Quali sono le più gravi minacce che questi animali devono affrontare?

1. Foca monaca mediterranea
2. Panda rosso
3. Gru dal collo nero

Risposte
1. L'ampliarsi delle aree adibite a vacanza nel Mediterraneo 2. Drastica riduzione di spazio e dei bambù di cui si nutre, ed è cacciato per la sua pelliccia 3. Diffusione del turismo

336 La foca monaca mediterranea ha sofferto molto per l'incremento del turismo. Le zone in cui si riproduceva e si riposava sono oggi villaggi turistici o spiagge attrezzate dove praticare sport acquatici. Questa foca, inoltre, risente per l'inquinamento ed è perseguitata dai pescatori, convinti che "rubi" loro i pesci. Ora, con meno di 600 esemplari rimasti, è a rischio estinzione.

▲ La timida foca monaca mediterranea è spaventata da barche e subacquei, e quando è disturbata cerca rifugio in grotte sottomarine.

► I pesticidi chimici usati dagli agricoltori a volte intossicano le gru dal collo nero.

337 La gru dal collo nero, presente sugli altipiani asiatici, nell'Himalaya, deve affrontare varie minacce. Una è la diffusione del turismo in una regione conosciuta come la valle del Ladakh (India). I turisti vi si recano per ammirare il meraviglioso paesaggio e la fauna selvatica, ma le gru, intimidite, tendono a riprodursi di meno.

338 Il panda gigante è il simbolo delle specie a rischio, e lo è anche, il panda rosso, un arboricolo, che si nutre di bambù in Asia meridionale e orientale. Ha sempre meno spazio, mentre città e villaggi crescono come funghi. È cacciato per la sua pelliccia e per la coda folta, usata per fare cappelli e ciondoli portafortuna in occasione di matrimoni.

► Il panda rosso è protetto per legge, ma è ancora molto ricercato per la sua pelliccia.

Danni da inquinamento

339 **L'inquinamento minaccia tutta la fauna selvatica, dal momento che i rifiuti e le sostanze chimiche che produciamo finiscono in aria, nel suolo e anche nelle acque.** L'inquinamento porta spesso con sé altre minacce, come la perdita dell'habitat e il cambiamento climatico, indissolubilmente legati tra loro.

▲ Questa ombrina dell'Atlantico è cieca a causa della cataratta, provocata dalle sostanze chimiche presenti nelle acque.

340 **Sostanze chimiche pericolose fluiscono rapidamente nelle acque, colpendo ruscelli, fiumi, laghi e giungono ai mari e agli oceani.** Le foche del Caspio vivono, come dice il nome, nel Mar Caspio, un enorme lago situato in Asia occidentale che non ha sbocchi sul mare. Industrie e fabbriche attorno alle sue rive ne inquinano le acque, causando a questi animali, sempre meno resistenti alle malattie, piaghe e perdita di pelo.

◀ Le fuoriuscite di petrolio sono una forma devastante di inquinamento. Questo uccello ha le piume intrise di petrolio e rischia di rimanere intossicato quando, cercando di ripulirsi, lo ingerirà.

341 **I più grandi anfibi del mondo sono le salamandre giganti giapponese e cinese,** a rischio a causa dell'inquinamento dei freschi e un tempo limpidi corsi d'acqua sugli altipiani, dove le fabbriche sono ancora in numero limitato, ma nuvole e piogge vi conducono le sostanze chimiche derivanti dai fumi e dai gas di scarico delle lontane ciminiere.

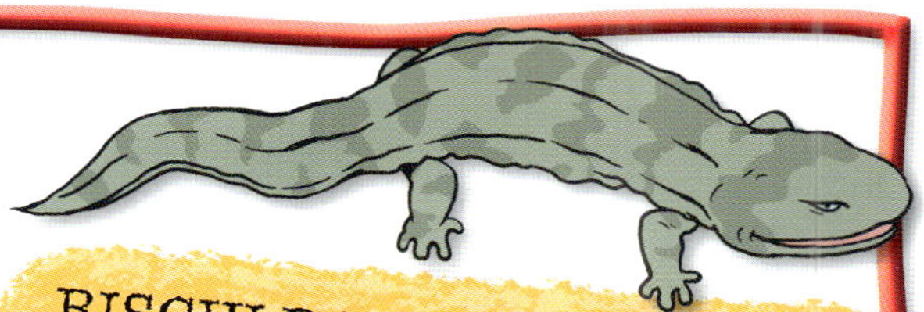

RISCHI DA INQUINAMENTO

La prossima volta che vai in un parco o in campagna, presta attenzione ai diversi tipi di inquinamento. Pensa all'effetto che hanno sugli animali e se è possibile ridurli in qualche modo.

Alcuni esempi:

Rifiuti negli stagni • Sacchetti di plastica tra siepi e cespugli • Perdite di benzina o carburante dai veicoli • Vetri rotti, fili metallici, etichette di plastica e oggetti non riciclabili

▼ Le acque del Fiume Azzurro, habitat naturale del lipote, sono ormai un luogo gravemente inquinato e pieno di insidie. L'ultimo avvistamento di uno dei questi delfini risale al 2004.

342 **Nel 2006 non si è riusciti a trovare neanche un lipote, il delfino di fiume dei corsi d'acqua cinesi.** L'inquinamento del Fiume Azzurro, causato dalle fabbriche lungo le rive e dalle infiltrazioni di sostanze chimiche agricole che dai campi si riversano in acqua, costituiscono una grave minaccia per questo animale e per i pesci e gli altri animali di cui si cibava. Altri pericoli sono la caccia per la sua carne e la costruzione dighe. E poi annega nelle reti da pesca e rischia di essere colpito dalle barche.

Un lipote, detto baiji in cinese.

Cambiamenti climatici

343 Tutto il mondo deve far fronte al cambiamento climatico, che rischia di mettere a repentaglio molte specie animali. Le temperature medie stanno gradualmente aumentando perché l'atmosfera (lo strato d'aria che circonda la Terra) è modificato dai gas serra derivati dalla combustione di carburanti come benzina, gasolio, carbone e gas naturale che fanno sì che la Terra intrappoli il calore del Sole. E il pianeta si fa sempre più caldo.

▲ I pinguini, stanchi dopo essersi sfamati in acqua, hanno bisogno di riposare a riva o su un iceberg. Il riscaldamento globale, però, scioglie i ghiacci, portando a un drastica a riduzione, se non alla scomparsa, dei loro luoghi di ristoro.

344 Nell'estremo Nord, gli orsi polari sono minacciati a causa dello scioglimento dei banchi di ghiaccio. Agli orsi servono per cacciarvi le foche e per riposare. Un tempo i banchi di ghiaccio erano numerosi, ora invece gli orsi polari devono nuotare anche per ore prima di trovarne uno. Alcuni annegano, esausti, in mare aperto.

345 Nell'estremo Sud, i pinguini fanno sempre più fatica a trovare delle piattaforme di ghiaccio sui cui riposare. Come nel Nord, gli iceberg si sciolgono a velocità crescente a causa del riscaldamento globale. Allo stesso modo degli orsi polari, i pinguini non possono più uscire dall'acqua per concedersi delle pause, e dato che non sono in grado di volare, rischiano di annegare.

▶ Per gli orsi polari i banchi di ghiaccio sempre più piccoli, e in numero sempre minore, sono un problema molto serio.

346 Il riscaldamento globale sta cambiando le stagioni, e questo ha delle ripercussioni su molti animali. Una primavera precoce significa che gli insetti in Europa si riproducono una o due settimane prima del previsto. Gli uccelli migratori che giungono dall'Africa, come la balia nera, le rondini e i rondoni, rischiano di arrivare troppo tardi per catturare gli insetti per i loro piccoli. Gli scienziati sono preoccupati per questa mancanza di sincronizzazione.

347 L'enorme storione ladano, un pesce asiatico, è già gravemente minacciato. Viene cacciato per le uova della femmina, il costoso caviale. Tuttavia, dato che il riscaldamento globale non si arresta, anche i fiumi e i laghi in cui gli storioni abitano ne risentono, determinando l'accelerata estinzione di questo pesce.

NON CI CREDO!

Gli scienziati, studiando 40.000 rondini arboricole bicolori, hanno confermato che tendono a deporre le uova 9 giorni prima rispetto a 40 anni fa, forse per il mutamento climatico.

▲ Gli storioni ladani raggiungevano un tempo anche i 5 metri di lunghezza, ma oggi la maggior parte è catturata e uccisa prima di arrivare a tali dimensioni.

Bracconaggio e souvenir

◀ In rapporto al peso, il corno di rinoceronte può valere più di alcune pietre preziose, per esempio rubini e perle.

348 Alcuni animali sono in pericolo perché cacciati per farne trofei o souvenir. Il bracconaggio è l'uccisione illegale di animali per impadronirsi di alcune parti del corpo, per esempio gli elefanti per le loro zanne d'avorio.

349 Il motivo primario per cui i rinoceronti sono così in pericolo è a causa dei bracconieri, che li cacciano per le loro corna. Queste vengono intagliate per realizzare oggetti decorativi come manici di pugnale, o polverizzate per produrre medicinali tradizionali cinesi. La polvere è infatti comunemente usata come antipiretico, malgrado non esistano prove scientifiche sulla sua efficacia.

ABBINA

Riesci ad abbinare gli animali con ciò per cui vengono uccisi o catturati?

A. Tigre
B. Elefante
C. Tridacna gigante
D. Rinoceronte

1. Manico di pugnale
2. Souvenir per turisti
3. Ossa
4. Avorio

Risposte
A3 B4 C2 D1

350 **I rinoceronti non sono le uniche vittime della medicina tradizionale.** In alcune parti dell'Asia e dell'America del Sud le ossa di tigre sono ridotte in polvere per produrre pillole, il sangue delle tartarughe marine viene bevuto fresco e le corna di alcune antilopi e gazzelle rare sono usate per condire le minestre.

351 **In vacanza si acquistano souvenir, alcuni dei quali derivati da animali in via di estinzione.** Il commercio di oggetti ricordo minaccia molluschi quali strombi, tridacne giganti, stelle marine, ricci di mare e pesci insoliti come i cavallucci marini. Le persone comprano oggetti intagliati nell'avorio di elefanti e trichechi, nei palchi dei cervi e nelle corna di antilope: è importante evitare tutti i souvenir di animalie di piante rare.

▼ Questa torre di avorio sequestrato è stata fatta in Kenya nel 1989. Enormi montagne di zanne di elefante sono state bruciate nel tentativo di fermare il commercio di avorio, ma senza successo.

352 **Il commercio di parti di corpo e di prodotti animali è disciplinato da norme nazionali e internazionali.** La maggior parte dei Paesi ha firmato l'accordo (CITES) sul commercio internazionale di specie a rischio estinzione. Tuttavia, tra giungle fitte o in luoghi remoti è difficile mettere un freno al bracconaggio e i contrabbandieri inventano di continuo nuovi stratagemmi per trasportare oggetti illegali da un posto all'altro.

▶ L'acquisto di souvenir come i cavallucci marini essiccati da parte dei turisti non fa che contribuire alla loro cattura e uccisione.

Minaccia sulle isole

353 Molti animali minacciati vivono sulle isole, dove hanno coabitato a lungo con le piante endemiche. Nel corso del tempo si sono evoluti per adattarsi al meglio all'habitat caratteristico del luogo. Le dimensioni ridotte di molte isole comportano un numero limitato di animali, e quell'habitat unico è facilmente sconvolto dall'arrivo degli esseri umani.

Fringuello delle mangrovie

▲ Ogni tipo di fringuello delle isole Galápagos, compreso il fringuello delle mangrovie, ha sviluppato una forma del becco adeguata a mangiare determinati tipi di cibo.

354 Il fringuello delle mangrovie, che vive sulle Galápagos, nell'Oceano Pacifico, è in serio pericolo. È uno dei fringuelli di Charles Darwin, gli uccelli che hanno aiutato il naturalista inglese (1809-1882) a formulare la sua teoria dell'evoluzione.

355 Perfino sulle Galápagos le testuggini giganti sono minacciate. Uno dei fattori è stato l'introduzione sulle isole di nuove specie animali come gatti, topi, conigli e cani, che distruggono l'habitat naturale, predano le specie locali e competono con loro per cibo e riparo.

► Le testuggini giganti attorno al cratere del vulcano Alcedo costituiscono il più grande gruppo di testuggini giganti nelle Galápagos. Sono però classificate come VU, "vulnerabili".

NON CI CREDO!

Sull'isola di Cuba, il raro almiquí, simile a un toporagno, era ritenuto estinto, ma nel 2003 ne fu catturato uno. Chiamato Alejandrito, è diventato una celebrità. È stato studiato per due giorni e poi rilasciato, incolume.

356 **L'isola di Madagascar è popolata da una fauna selvatica incredibile e unica. Purtroppo, però, è in pericolo.** Lemuri come quelli dalla coda ad anelli non si trovano da nessun'altra parte in natura. Molte specie locali sono minacciate dalla perdita dell'habitat, perché cacciate come cibo, per il traffico illegale di animali domestici, o per il problema dell'introduzione sull'isola di nuove specie.

◀ I lemuri dalla coda ad anelli sono popolari in parchi naturali e zoo, ma stanno diventando sempre più rari nella loro isola natale, il Madagascar.

357 **Si conoscono più di 700 animali che negli ultimi 400 anni si sono estinti, e circa la metà di questi popolava le isole.** Sulle sole isole hawaiane sono scomparsi, negli ultimi 200 anni, circa 25 tipi di uccelli, 70 di lumache, 80 di insetti e più di 100 di piante.

358 **Sulle isole non sono minacciate soltanto le specie che suscitano scalpore come testuggini giganti o uccelli variopinti.** Ce ne sono anche di meno affascinanti, come le lumache Partula delle isole del Pacifico meridionale, mangiate da una chiocciola predatrice, la eugladina rosea, introdotta per fornire cibo alla popolazione locale.

▶ Alcune specie di lumache del genere Partula oggi sopravvivono solo in zoo o laboratori scientifici.

Fermiamo il massacro

359 **Da oltre 50 anni c'è crescente consapevolezza del fatto che gli animali sono in pericolo e che è fondamentale salvarli.** Specie da titoloni sui giornali come balene, tigri, oranghi e gorilla catturano l'attenzione delle persone e aiutano a raccogliere fondi per la loro conservazione. Questo consente anche di proteggere gli habitat naturali, e di salvare altre specie.

▲ La Born Free Foundation è un'associazione benefica internazionale che mira a proteggere le specie minacciate in natura ovunque sul nostro pianeta.

360 **Negli anni Sessanta, il panda gigante, originario della Cina, fu scelto come simbolo del World Wildlife Fund (WWF),** la nota organizzazione mondiale per la conservazione della natura. Gli enormi sforzi per preservarlo hanno fatto sì che uscisse dalla lista critica. Oggi in natura se ne contano circa 2000 esemplari, sebbene sia ancora classificato come VU, cioè "vulnerabile".

◀ I panda non mangiano praticamente altro che alcuni tipi di bambù, ed è il motivo per cui hanno bisogno di continuare a vivere in questo habitat particolare.

NON CI CREDO!

Il panda gigante è l'animale simbolo della conservazione, in parte anche per i suoi colori, il bianco e il nero, che rendevano più facile... fotocopiare la sua immagine senza dover ricorrere ai colori.

361 Negli anni Settanta iniziò la protesta contro la caccia alle balene per fini commerciali, che stava mettendo a repentaglio molte specie. Campagne e marce per salvarle divennero sempre più popolari, tanto che nel 1980 entrò in vigore il divieto mondiale della caccia alla balene.

362 Negli anni Ottanta furono molte le campagne antipelliccia, volte a contrastare l'uccisione di gatti selvatici e di altri animali per farne giacche e cappotti. Per fortuna hanno contribuito a ridurre una delle minacce a tanti splendidi felini, e non solo i grandi felini, ma anche quelli di taglia media o decisamente piccola come l'ocelot e il margay, chiamato anche gatto di Wied. Purtroppo la pelliccia sta tornando di nuovo di moda.

363 Negli anni Novanta la tigre a rischio scomparsa suscitò clamore. L'organizzazione *Save the Tiger Fund* fu istituita nel 1995 per contrastare i tanti rischi che i grandi felini dovevano affrontare. Purtroppo, per alcune varietà era ormai troppo tardi. La tigre di Bali si era estinta negli anni Trenta, seguita negli anni Ottanta dalla tigre di Giava.

▶ *I* grandi cetacei, come queste balenottere azzurre, sono ora abbastanza al sicuro dal massacro di massa. Purtroppo, però, si riproducono molto lentamente, e ci vorranno quindi parecchi anni prima di poter vedere risalire il loro numero.

Un posto in cui vivere

364 L'unico modo per salvare gli animali a rischio è fermare o invertire il processo di perdita dell'habitat e offrire loro un posto in cui vivere. In una manciata di casi, allevare specie in via di estinzione in zoo e piccoli parchi può essere di aiuto, ma alla fine gli animali hanno bisogno di tornare al loro habitat naturale, non solo per se stessi, ma anche per molti altri animali e piante che vivono nei medesimi luoghi.

▲ I bisonti, o bufali americani, sono stati salvati dall'estinzione appena in tempo! Ora si spostano liberamente a Yellowstone, a Wood Buffalo e in altri parchi nordamericani.

▼ Il Parco marino della Grande barriera corallina è stato gradualmente esteso nel corso degli anni, limitando l'accesso ai turisti in alcune zone e vietandolo del tutto in altre.

365 Ci sono luoghi naturali che vengono protetti riservando ampie aree adibite a parchi nazionali, riserve naturali e santuari della fauna selvatica. Nel 1872 il Parco nazionale di Yellowstone (Stati Uniti) fu il primo parco nazionale del mondo. Come in altre aree protette, ci sono leggi che impediscono di arrecare danni ad animali, piante o habitat. Tra gli animali di Yellowstone vanno annoverati i bisonti, che un tempo scorrazzavano a milioni per grandi le praterie americane. Negli anni Ottanta erano sul punto di estinguersi, ma fortunatamente sono stati salvati.

366 Alcuni tra i più importanti e preziosi siti naturali sono classificati come "siti Patrimonio dell'Umanità". In Etiopia, il Parco nazionale dei monti del Semien ospita animali rari come il babbuino gelada, il caberù e un tipo di capra selvatica chiamata stambecco del Semien o ualià, di cui rimangono soltanto 500 individui.

▲ I 500 esemplari sopravvissuti di caberù, detto anche lupo del Semien o etiope, si possono ormai trovare solo in poche zone, come il Parco nazionale delle montagne di Bale e quello dei monti del Semien, in Etiopia.

367 Una delle più grandi aree marine protette del mondo è il Parco marino della Grande barriera corallina. Ospita un'incredibile gamma di animali, dai minuscoli coralli alle tartarughe verdi e agli enormi squali. Nel 2006 gli Stati Uniti istituirono l'ancora più grande Monumento nazionale marino di Papahānaumokuākea del nord-ovest delle Hawaii, una riserva che ospita oltre 7000 specie animali, comprese quelle minacciate come la foca monaca delle Hawaii e l'albatro di Laysan.

QUIZ

Dove puoi trovare questi animali rari?

1. Caberù o lupo etiope
2. Bisonte americano
3. Foca monaca delle Hawaii
4. Tartaruga verde

Risposte
1. Parco Nazionale dei monti del Semien (Etiopia) 2. Parco nazionale di Yellowstone (Stati Uniti) 3. Monumento nazionale marino di Papah naumoku kea 4. Grande barriera corallina (Australia)

Parchi di salvataggio

368 Parchi naturali e centri di riproduzione svolgono un ruolo importante se si vogliono salvare animali. Alcuni vi sono allevati e stimolati a riprodursi per crescere di numero, con la speranza di poterli poi rimettere in libertà. Questo metodo ha bisogno di conoscenze approfondite della specie, in modo che si possano ospitare e curare gli animali al meglio. Tuttavia, non sempre funziona.

369 Non vengono allevati in cattività solo animali grandi e affascinanti. Uno dei più piccoli in assoluto è la petroica delle Chatham. All'inizio degli anni Ottanta ne rimanevano cinque, con una sola femmina, *Old Blue*. Grazie a un mirato allevamento in cattività, le prime uova deposte le sono state portate via, così da spingere la femmina a deporre una seconda covata mentre i custodi si prendevano cura della prima, fino alla schiusa. Oggi si contano oltre 250 individui.

▼ Quando animali rari come il panda gigante viene allevato in cattività, gli scienziati possono imparare molto su di loro.

◀ La popolazione del cervo di padre David, o cervo milu, sta crescendo in cattività.

370 **Per molti anni, i cervi di padre David popolavano soltanto le riserve di proprietà degli imperatori della Cina.** Sono stati cacciati come cibo riducendosi fin quasi a scomparire. Qualche esemplare, portato nel Woburn Safari Park, si è riprodotto, e negli anni Ottanta alcuni vennero rilasciati in una riserva naturale in Cina. Sono però ritenuti "estinti in natura".

NON CI CREDO!

Nel 1986 era rimasta solo una cinquantina di furetti dai piedi neri, tutti nel Wyoming (Stati Uniti). Dopo vent'anni di riproduzione in cattività, e conseguente rilascio, ce ne sono in natura più di 600.

▼ Nelle aree protette, le iguane blu vengono monitorate da vicino.

371 **La popolazione dell'iguana blu che vive sull'isola di Grand Cayman scese sotto i 5 esemplari.** Dal 1996 queste lucertole, allevate in cattività, sono state rimesse in libertà in aree protette dell'isola stessa e sono previsti man mano nuovi rilasci.

▼ Le tigri si riproducono bene in alcuni zoo, ma rimetterle in libertà in natura è praticamente impossibile. In cattività perdono infatti l'istinto di uccidere, quindi rischierebbero di morire di fame.

372 **Possono sorgere non pochi problemi quando si liberano gli animali allevati in cattività, specialmente se si tratta di scimmie come gli oranghi.** Le giovani scimmie imparano dai genitori a trovarsi il cibo e a evitare i pericoli. Cresciuti dagli umani, devono imparare a tornare selvaggi.

Un aiuto per il futuro

▼ Fare whale watching, cioè osservare le balene, non solo aiuta le persone ad apprezzare questi grandi cetacei, ma anche a capire quanto sia importante salvare tutti i luoghi naturali e la loro fauna.

373 **Salvare gli animali a rischio non è compito soltanto delle organizzazioni faunistiche e dei governi: tutti possiamo contribuire.** Potresti proporti come volontario in un gruppo di conservazione, fondare un club per la fauna selvatica nella tua scuola o nel tuo quartiere, oppure incrementare la consapevolezza sul problema parlandone in famiglia, con gli amici, oppure organizzando una festa a tema "animali rari".

374 **Zoo locali e parchi naturali hanno spesso informazioni utili sugli animali minacciati e la loro conservazione.** Puoi visitarli, o inviare una mail per chiedere se si occupano di conservazione. Scopri in che modo gli zoo condividono le informazioni sui loro animali rari e quindi come decidono quali individui far riprodurre. Le associazioni per la tutela della fauna selvatica spesso propongono di adottare animali per sponsorizzare quelli rari... potrebbe essere un bel regalo di compleanno per te o un amico.

375 **Non si possono salvare animali in pericolo senza salvare i loro habitat e anche le persone che ci vivono.** Spesso gli abitanti dei luoghi in cui sono presenti delle specie di animali rari sono poveri o soffrono la fame, ma vedono tanta gente spendere tempo e denaro per gli animali... e nulla per loro.

376 Paesi e governi devono tenere conto di persone, animali, piante e habitat se vogliono ottenere un risultato che sia a lungo termine e sostenibile. Per esempio, la fauna selvatica può essere d'aiuto per raccogliere fondi incoraggiando un turismo rispettoso dell'ambiente. Un esempio? Quando i turisti pagano per vedere animali rari come gorilla, balene o tigri in condizioni protette e monitorate. Il denaro raccolto è poi utilizzato non solo per la tutela degli animali in via di estinzione ma anche per aiutare le persone, perché solo così potranno coabitare insieme anche in futuro.

NON CI CREDO!

Nel 2005 è stato scoperto in Africa un nuovo tipo di scimmia, il cercocebo dell'altopiano o kipunji, che è subito diventato uno tra i più rari e minacciati di tutte le specie animali.

▶ La vista ravvicinata di una tigre può convincere i turisti a sostenere le campagne per salvaguardare questi splendidi animali e proteggere nello stesso tempo vaste zone del loro habitat per altri animali e piante.

Indice analitico

Le voci in **grassetto** si riferiscono ai contributi principali; le voci in *corsivo* si riferiscono alle illustrazioni.

Referenze fotografiche

Il materiale iconografico è di proprietà di Miles Kelly Artwork Bank

Gli Editori sono grati alle seguenti persone e organizzazioni per il permesso di riprodurre le loro opere. Si prega di segnalare le eventuali involontarie omissioni, alle quali si provvederà nelle prossime edizioni.

L'Editore ringrazia le fonti seguenti per l'utilizzo delle loro immagini fotografiche:
Legenda: a = alto, b = basso, s = sinistra, d = destra, c = centro, sf = sfondo

Copertina (fronte) Stuart Jackson Carter **Spine** Visuals Unlimited/Nature Picture Library (retro, da sinistra) Incredible Arctic/Shutterstock, Eduardo Rivero/Shutterstock, LeonP/Shutterstock, Anton_Ivanov/Shutterstock, Joe Farah/Shutterstock

Alamy 79(ad) David Tipling; 144–145(ac) WorldFoto

Ardea 96(ad) Ken Lucas

Born Free 150(ad) www.bornfree.org.uk

Dreamstime 49(ac) Chmelars; 65(as) Thesmid; 75(cd) Lukyslukys; 82(bs) Steve Byland

FLPA 13(a) Theo Allofs/Minden Pictures; 15(b) Norbert Wu/Minden Pictures; 24(ad) Imagebroker/Konrad Wothe; 25(b) ImageBroker; 31(bd) Mark Newman; 35(b) Michael Durham/Minden Pictures; 41(c) John Eveson; 48(bs) Kevin Elsby; 51(bs) Roger Tidman; 54(bs) & 152–153(ac) David Hosking; 57(bd) ImageBroker; 68–69(c) Imagebroker/Horst Jegen; 70(bs) ImageBroker; 72(c) Jurgen & Christine Sohns; 73(ad) Konrad Wothe/Minden Pictures; 77(bd) Shem Compion; 81(cd) Imagebroker/Dieter Hopf; 87(table bd) Michael & Patricia Fogden/Minden Pictures; 88–89(sf) Fred Bavendam/Minden Pictures; 91(bs) Emanuele Biggi; 93(a) Bruno Cavignaux/Biosphoto; 112(c) Tui De Roy/Minden Pictures; 114–115(c) Pete Oxford/Minden Pictures; 119(c) Piotr Naskrecki/Minden Pictures; 122–123(c) Cyril Ruoso/Minden Pictures; 124–125(c) Nicolas-Alain Petit/Biosphoto; 125(as) Imagebroker/Ingo Schulz; 126–127(c) Frans Lanting; 132(bs) Winfried Wisniewski;
151(c) Flip Nicklin/Minden Pictures; 154(b) Katherine Feng/Globio/Minden Pictures;

Fotolia.com 75(sf) pdtnc; 86(table ad) Becky Stares; 86(tavola cs) reb; 86(tavola bs) Eric Gevaert; 86(tavola bd) SLDigi; 88(pannello ad) Alexey Khromushin; 91(c) Shane Kennedy; 99(pannello cs) Konstantin Sutyagin; 115(pannello ad) Irochka

Getty 33(bd) Tom Brakefield; 40(c) Dorling Kindersley; 52–53(c) Paul Souders; 52–53(cs) Kevin Schafer; 74(ad) John Carnemolla; 81(cd) Rick Price; 104(a) Gary Meszaros; 116(bs) David A. Northcott; 130(b) Martin Harvey; 131(c) Art Wolfe; 140(c) Fernando Bengoechea; 142(ad) Karen Kasmauski; 143(bs) George Steinmetz; 143(bd) Mark Carwardine; 147(d) Owen Franken; 153(ad) Martin Harvey; 157(bd) Theo Allofs; 138–139(c) Mint Images/Frans Lanting; 152–153(bc) Theo Allofs; 155(as) National Geographic; 156–157(c) Natalie Fobes

Glow Images 14(c) Superstock; 23(b) Terry Whittaker; 34 Juniors Bildarchive; 38(cs) Rolf Nussbaumer

International Reptile Conservation Foundation 155(cd) John F. Binns/www.IRCF.org

iStockphoto.com 144(b) Coldimages; 60–61(sf) ElsvanderGun

National Geographic Creative 10(s) Hiroya Minakuchi/Minden Pictures; 17(c) & 55(cs) Tim Laman; 31(b) Nicole Duplaix; 58(bs) Klaus Nigge; 148(bd) Pete Oxford/Minden Pictures

Nature Picture Library 6–7(c) T.J. Rich; 27(a) Andy Rouse; 27(b) & 29(d) Jabruson; 32(ad) Jim Clare; 57(ad) Mark Carwardine; 76(as) Rolf Nussbaumer; 83(cd) Andrew Walmsley; 94(a) Jurgen Freund; 95(b) Laurie Campbell; 99(bd) Russell Cooper; 101(c) Dave Watts; 106(c) Tim MacMillan/John Downer Pro; 107(a) Stephen Dalton; 110–111(c) Bence Mate; 114(cs) Michael Richards/John Downer; 120(bs) John Cancalosi; 125(bd) Visuals Unlimited; 141(ad) Wild Wonders of Europe/SÃ¡

Photoshot 21(c) Imago; 90(bs) NHPA; 108(c) NHPA; 117(ad) NHPA; 130(c) & 146–147(c) Jonathan & Angela Scott/NHPA

Save The Rhino 134(ad) Save the Rhino International

Shutterstock.com 1 infografick; 2–3 Johan Larson; 4–5(a) Darryl Vest; 8(a) Norma Cornes; 9(a) BMJ; 9(bs), (b) & 18(c) Incredible Arctic; 9(a) Smileus; 11(b) Chainfoto24; 12(bs) Neil Burton; 12(c) Mark Beckwith; 14–15(c) jaytee; 16–17(c) Sarun T; 18(b) Magdanatka; 19(b) Zoltan Katona; 22(bs) EcoPrint; 22(ad) outdoorsman; 24–25(sf) Bozena Fulawka; 26(b) Mogens Trolle; 28(bs) Ultrashock; 30(ad) & 47(bc) BMJ; 30–31(sf) theerapol sri-in; 31(as) & 54–55(ac) & 75(ad) & 84–85(c) & 119(cd) Eric Isselee; 35(ad) trancedrumer; 36–37(b) Anna Om; 37(ad) & 73(bl, bd) & 105(c) worldswildlifewonders; 38(b) EcoPrint; 39(bd) Andrea Izzotti; 43(bd) Jean-Edouard Rozey; 44–45(c) Atul Sinai Borker; 46(bc) nuttakit; 46(ad) Grant Glendinning; 46(cs) Florian Andronache; 46(c) Eduardo Rivero; 46(cd) Clinton Moffat; 48(bs) monbibi; 48(c) Sergei25; 50(bs) ktsdesign; 51(ad) AndreAnita; 53(ad) WayneDuguay; 56(c) Alfredo Maiquez; 60(ad) Gregg Williams; 60(c) Arto Hakola; 60–61(a, bs, c) Johan Swanepoel; 60–61(ac, b) & 72(as) monbibi; 63(a) T.Allendorf; 63(ad) tntphototravis; 63(bc) Stu Porter; 64(c) Jerome Whittingham;
65(bd) Kimberley McClard; 67(ac) picturepartners; 67(bd) IbajaUsap; 69(bd) David Dohnal; 70(ad) Gentoo Multimedia Limited; 71(b) Karel Gallas; 71(ac) Jan de Wild; 74–75(c) John Carnemolla; 75(ac) Anton_Ivanov; 75(ad) & 87(table bs) Jason Mintzer; 76(bs) Richard Fitzer; 77(as) zimmytws; 78(cs) FloridaStock; 80–81(c) Rob McKay; 83(as) fotofactory; 85(ad) Anneka; 86(b) Joe Farah; 87(ad) Mircea Bezergheanu; 87(table a) Dirk Ercken; 87(table cs) Brandon Alms; 87(table cd) Salim October; 89(ad) iliuta goean; 90(b) monbibi; 90–91(c) Brian Lasenby; 93(bs) AdStock RF; 95(panel ad) Asaf Eliason; 96–97(c) Meister Photos; 97(bd) Brandon Alms; 97(bd) Eduard Kyslynskyy; 99(ad) infografick; 100(bd) Manja; 101(al clearviewstock; 102(b) Statsenko; 102–103(c) Ivan Kuzmin; 103(bs) Anneka; 104(b) Cathy Keifer; 106(pannello b) Madlen; 106–107(sf) Iakov Kalinin; 108(bs) J. L. Levy; 113(sf) Rich Carey; 118(c) alslutsky; 121(b) Audrey Snider-Bell; 133(ad) Dennis W Donohue; 142(bs) wim claes;

Superstock 55(bd) Biosphoto

Tutte le altre foto sono di: DigitalSTOCK, digitalvision, John Foxx, PhotoAlto, PhotoDisc, PhotoEssentials, PhotoPro, Stockbyte